幸福婚姻与性

[英] 罗素 Bertrand Russell/著　陈小白/译

第一章	导言	1
第二章	母权社会	9
第三章	父权社会	17
第四章	阳物崇拜、禁欲主义与罪恶	23
第五章	基督教伦理	33
第六章	浪漫之爱	47
第七章	妇女的解放	59
第八章	性知识的禁忌	69
第九章	爱在人生中的位置	87
第十章	婚姻	95

第十一章	卖淫	105
第十二章	试婚	113
第十三章	现代家庭	121
第十四章	个人心理中的家庭	135
第十五章	家庭与国家	147
第十六章	离婚	159
第十七章	人口	173
第十八章	优生学	183
第十九章	性与个人的幸福	197
第二十章	性在人类价值中的位置	207
第二十一章	结论	217

译后记　　229

第一章 导 言

一个社会，不论是古代的还是现代的，在刻画其特征时，都有紧密相连、具有头等重要性的元素：一个是经济制度，另一个是家庭制度。当前有两个有影响力的思想学派，一派认为万事皆派生于一种经济的源头，另一派则认为万事均发端于一种家庭或性的源头。前一派以马克思为代表，后一派以弗洛伊德为代表。我本人不从属于其中的任何一派，因为在我看来，经济与性的相互关系从因果功效的角度看，似乎并未显示出一方明显地超乎于另一方之上。例如，工业革命已经并将继续对性道德产生深远的影响，但相反地，清教徒的性道德从心理学上看，却不可避免地是工业革命的部分原因。对于经济和性，我不打算将其中的某一个确认为首要的因素，事实上，二者也是无法截然分开的。经济在本质上和获取食物有关，但是，在那些只是为了获取食物作为个人利益的人们中间，食物的需要是很少的；食物的需要是由于家庭的缘故，而且随着家庭制度发生变化，经济的目的也会改变。显而易见的是，如果每个家庭的孩子都像柏拉图的《理想国》中那样，由国家从父母身边带走并抚养成人，则不仅人寿保险，而且大多数形式的私人储蓄都差不多会停止。也就是说，假如国家采取父亲这一角色，则国家将在事实上成为唯一的资本家。彻头彻尾的共产主义者则主张相反的观点，即，假如国家成为唯一的资本家，则我们所熟知的家庭都将无法存在；就算这一点被认为太过了，不容否认的是，私有财产和家庭之间存在着一种密切的联系，一种相互交融的联系，以至于我们无法说出哪个是因、哪个是果。

可以发现，社会的性道德包括若干层面。首先体现在法律中的明确的制度中，例如，有些国家的一夫一妻制和有些国家的一夫多妻制。在接下来的一个层面，法律不作干涉，但公众舆论会发挥显著的作用。最后，还有一个层面，这个层面即使不是在理论上也是在实践中留给个人去决断。除了苏维埃俄国之外，世界上还没有哪个国家，世界历史上也没有过哪个时代，其性道德和性制度是由理性思考所决定的。我不是在暗示，苏维埃俄国的制度在这方面是完美无缺的，我的意思只不过是，这些制度——至少其中的部分制度——并不像各个时代其他各国的制度那样，是迷信和传统观念的产物。从总体的幸福和福利观出发来决定哪种性道德是最高尚的，这是一个极端复杂的问题，其答案随具体的情况而不尽相同。在一个工业发达的社会中和在一个原始的农业状态下，答案是不会相同的。在医学和卫生学能够有效降低死亡率的地方，和在瘟疫猖獗、疾病流行以致大量人口未成年便夭折的地方，答案也是不同的。或许，当我们知道得更多的时候，我们才能够说，一种气候中最高尚的性道德将不同于另一种气候中最高尚的性道德，同样，具有不同的饮食习惯，其最高尚的性道德也是不同的。

性道德的影响具有极不相同的种类——个人的、夫妻的、家庭的、国家的和国际的。事情很可能是，性道德的影响在其中的某些方面是好的，而在另一些方面是坏的。当我们研究某个特定的制度时，这一切都需要首先加以考虑，之后我们才能够确定自己是否不偏不倚。我们首先研究纯个人的影响：这些是精神分析所考虑的影响。在这里，我们必须要考虑的，不仅有成年人经某一规则反复熏陶后的行为，还包括用以使人们服从规则的早期教育，而在这一领域，正如众所周知的，早期禁忌的影响也许是奇特的和间接的。在问题的这个部分，我们处在个人幸福的层面。当我们考虑男女关系的时候，就进入了我们所探讨问题的第二个阶段。显然，某些性关系比另一些更有价值。多数人都会同意，一种性关系，如果其主要成分是精神的，那么它就比纯肉体的性关系要完美一些。的确，一种经诗人传授而进入了文明男女的共同意识的观点认为，在这种关系中，当事人个性的成分越多，爱情就越有价值。诗人还教导许多人要根据爱的强烈程度来判断爱的价值。然而，这是一个更具争议的问题。大多数现代人都会同意，爱情应该是一种平等的关系，因此，如果没有别的原因，那么，譬如一夫多妻制就不能被认为是一种理想的制度。纵观问题的这个部分，有必要同时考察婚姻以及婚姻外的各种关系，因为无论实行哪种婚姻制度，婚姻外的关系将会相应地有所不同。

我们接下来讨论家庭问题。在各个不同的时期和地方，存在着许多不同种类的家庭群体，但是父权家庭具有极大的优势，而且，一夫一妻制的父权家庭，已经越来越比一夫多妻制的父权家庭盛行。自基督产生以前，就已存在于西方文明中的性道德的主要动机，就是要确保某种程度的女性贞操，若无此，父权家庭便不可能存在，因为父子关系是无从确定的。基督教以坚持男性贞操的方式而对这个方面所作的贡献，在心理方面是有禁欲主义的源头的，尽管在近代，这种动机因女性的嫉妒而强化，而且，女性的嫉妒随着妇女的解放而变得更强烈。然而，这后一个动机似乎是暂时的，因为我们从表面也可以断定，妇女往往更倾向于一种能够给予两性自由的制度，而不是一种把迄今唯有妇女所受到的限制强加在男人身上的制度。

然而，在一夫一妻制家庭中，又有许多不同的类别。婚姻或由当事双方自己决定，或由双方的父母决定。在一些国家，新娘是买来的；而在另一些国家，例如法国，新郎是被买来的。至于离婚，情况也是千差万别的，从天主教不允许离婚的极端规定，到旧中国的法律允许丈夫一纸休书把妻子休掉，哪怕只是因为妻子爱唠叨。在性关系中，双方的忠贞或近似忠贞的情况，不仅在人类中存在，在动物中也是有的，为了物种的存续，男（雄）性的参与对于后代的抚养是必不可少的。例如，鸟类必须持续地卧在鸟蛋上，以使鸟蛋保持一定的温度，而且必须每天花相当多的时间去觅食。在许多鸟类中，要一只鸟去同时做这两件事是不可能的，因而雄鸟的合作是必需的。其结果是，大多数鸟均是道德楷模。在人类当中，父亲的合作对于子女的成长在生理上是有极大的裨益的，特别是在不安定的年代里和在变动不居的群体中。但是，随着现代文明的发展，父亲这一角色日益被国家取代，而且有理由认为，父亲对子女在生理上的益处不久将会失去，至少在工薪阶层是这样的。如果真是这样，我们肯定能预期传统道德会完全崩溃，因为再没有任何理由认为做母亲的会希望明白无误地确定自己子女的父亲。柏拉图更进了一步，他认为国家不仅要取代父亲的位置，还要取代母亲的位置。我本人谈不上是一个这类国家的拥趸，对里面所说的孤儿院也谈不上印象深刻，所以对这项计划并不热衷。不过，说经济力量可使之在某种程度上被采用，这倒不是不可能的。

法律以两种不同的方式涉及性：一方面，是强制人们遵从为所在社会接受的不论哪种性道德；另一方面，是保护个人在性范畴中的一般权利。后者包括两个主要部分：一方面，是保护女性和未成年人免受侮辱和不良剥削；另一方面，则在于防止性病。这两方面均普遍未能纯粹按照其本身情况来对待，而且由于这个原因，二者均未得到应有的有效处理。就前者而言，有关禁止贩运妇女的歇斯底里的运动，虽然导致相关法律的通过，但这些法律轻易就能被职业犯罪分子所规避，而且提供了敲诈无辜者的机会。就后者而言，关于患上性病纯属咎由自取的观点，妨碍了人们采纳那些纯粹以医学为依据的措施，而人们普遍认为的性病当属可耻的态度，导致性病患者讳疾忌医，因而得不到及时或充分的治疗。

我们接下来讨论人口的问题。这本身就是一个必须从多个视角加以考量的大问题，诸如母亲健康问题、儿童健康问题以及大家庭和小家庭各自对儿童性格的心理影响问题。这些可以统称为卫生方面的问题。接着，还有经济方面的问题——不论是个人的还是公共的：与家庭的大小或社会的人口出生率相关的家庭或社会人均财产问题。与此紧密相连的，是人口问题对国际政治的影响以及世界和平的可能性。最后还有优生的问题，即，社会的不同部分因其人口出生率和死亡率的不同而导致的种群改良或退化的问题。任何性道德，除非从上面列举的所有视角均作了考察，否则不得以种种理由予以首肯或进行非难。改革者和反动分子没什么两样，他们均习惯于从该问题的一个方面或最多两方面进行考察。能够把私人视角和政治视角结合起来的，就尤其罕见了。然而，也完全不能说，其中一个要比另一个更重要，而且我们不可能预先有任何保证说，一种从私人视角来看是好的制度，从政治视角来看也是好的，反之亦然。我本人相信，在大多数时代和大多数地方，各种隐晦的心理力量已导致人们接受了含有相当不必要的残酷性的制度，而且在最文明的民族中至今仍有这种情况。我还相信，医药和卫生的进步已经使得性道德方面的变化，不论从私人视角还是从公众观点看，都是令人满意的，同时，正如前面提到的，国家在教育方面日益增加的角色，正逐渐使父亲这一角色的重要性降低到前所未有的地步。所以，我们在批评当前的道德时有双重任务：一方面，我们必须消除各种经常是潜意识的迷信成分；另一方面，我们必须考虑那些使过去的智慧变成蠢行而非现代智慧的全新因素。

为了对既有的制度有一个正确的理解，我将首先探讨一些过去存在过的或者在不那么开化的人们中间至今仍存在的制度。然后，我将阐述今天在现代西方文明中所流行的制度的特点。最后，我将考察该制度中应予改革的方面，以及我希望进行这类改革的种种理由。

第二章　母权社会

婚姻习俗始终是三大因素的混合物，它们分别可泛泛地称为本能因素、经济因素和宗教因素。我的意思并不是说这些因素可以截然分开，它们在其他领域也是如此。商店在星期日停止营业这一事实有着宗教起源，但现在却是一个经济事实，许多有关性的法律和风俗也是这样。一个具有宗教起源的有用的习俗，在其宗教基础坍塌之后，却常常因其有用而存续下来。宗教因素和本能因素也是难以作出区分的。对人类行为具有任何极强支配作用的宗教，一般而言都有某种本能方面的基础。然而，还是可以根据传统的重要性以及下述事实对它们加以区分：在各式各样本能上可能作出的行为中，它们偏向了其中的几种。譬如，爱和妒忌均为本能的情感，但宗教却判定，妒忌是一种合乎道德的情感，社会应予以支持，而爱则是可有可无的。

性关系中的本能成分，比人们通常所想象的要少得多。在本书中，深入探讨人类学并不是我的目的，为阐明当前的问题所必需的除外。但是在其中一个方面，这门科学对于我们的目的是十分必要的，它可以表明，究竟有多少种我们认为与本能相违背的做法，能够长时间地存在下去，而未与本能发生任何大的或明显的冲突。比如，祭司拥有对处女的初夜权（有时是公开行之），这不仅在野蛮人中而且在一些相对开化的种族中，都是一种通行的做法。基督教国家的人认为，初夜权是新郎的特权，而且大多数基督教徒直到最近，仍把他们对宗教性初夜权习俗的反感看成一种本能。把妻子借给客人用作为一种好客行为的做法，在现代欧洲人看来，似乎也是一种本能的令人反感的习俗，然而这种做法是极为普遍的。一夫多妻制是另一种会被不学无术的白人认为有违人性的习俗。杀婴行为也许看起来更是如此。然而，事实表明，只要杀害婴儿看起来在经济上有好处，人们是会非常乐意这么做的。

事实是，说到人类，本能是相当含混的、易于偏离自然常轨的。这在野蛮人中间和在开化的社群当中同样都是如此。事实上，"本能"一词几乎不是一个适当的字眼，可以应用在任何像人类性行为那样远非可以严格界定的事物上。就人类整体而言，唯一可以在严格的心理学意义上称之为本能的行为，只有婴儿吸食母乳的动作。我不知道野蛮人是怎么做的，但文明人是必须学习如何进行性行为的。夫妻结婚多年生不出孩子，而向医生请教怎样才能怀上孩子，经检查才发现他们不知道怎样性交，这样的情形并非罕见。因此，性行为从最严格的意义上说并不属于本能，尽管很自然地存在着一种对性行为的自然趋向，以及一种若无之便不易满足的欲望。的确，说到人类，我们并没有可在其他动物中间发现的确切的行为模型，人类在这个意义上的本能已经被某种相当不同的东西取代了。人类身上所具有的，首先是一种不满足的情绪，它引发各种多少是随意性的和不完全的动作，但是逐渐地，多少是偶然地，形成了一种能够使人满足因而重复进行的行为。因此，所谓的本能，就不是一种标准动作，而是一种学习的冲动，并且，这种能够使人满足的活动绝不是能够事先明确地确定的，尽管通常而言，在生理上最有益的活动如果在相反的习惯未养成之前就已习得，将能够使人得到最完美的满足。

鉴于所有开化的现代社会都建立在父权家庭的基础之上，而且关于女性贞操的整个观念也是为了使父权家庭成为可能而已经形成，那么接下来，重要的是要探究哪些自然冲动能够产生父亲的情感。这个问题绝不像那些不知反省的人所想象的那么简单。母亲对子女的感情是根本不难理解的，因为从十月怀胎直到断奶那一刻，母子间均有一种紧密的生理联系。但是父亲之于子女的联系是间接的、假定的和推论性的：它不能脱离对妻子贞操的信任,因而属于智识范畴,而不能被认为属于本能范畴。如果人们认为父亲的情感是只对他自己的孩子而言的,那么这种情况就更清楚了。然而,事情绝非一定如此。美拉尼西亚人就不知道人有父亲,然而在密克罗尼西亚人中间,做父亲的至少和那些知道自己有孩子的父亲一样喜爱孩子。马林诺夫斯基关于特罗布里安德岛民的著作,在父亲心理学的研究方面大放异彩,特别是其中的三本书——《野蛮社会中的性与性压抑》、《处于原始心理状态的父亲》和《西北美拉尼西亚野蛮人的性生活》。那些想要对我们称之为父亲情感的复杂情感有所了解的人,这三本书是不可或缺的。事实上,有两个完全不同的理由可以使一个男人对一个孩子感兴趣:他所以对那个孩子感兴趣,可能是因为他相信那是他自己的孩子,或者可能是因为他知道那是他妻子的孩子。第二种动机只是在从不知道何为父亲的地方才发挥作用。

　　特罗布里安德岛民不知道自己有父亲,这一事实已为马林诺夫斯基所证明,这是毋庸置疑的。譬如他发现,当一个男人外出一年或数年,回来后看见妻子有了一个新生婴儿的时候,他会高兴,他完全不能理解欧洲人的想法;如果是欧洲人,他肯定会对妻子的贞操产生怀疑。或许更让人信服的是,马林诺夫斯基还发现,一个拥有一窝良种猪的男子,虽然会把所有的公猪都进行阉割,却不能理解这样做会导致该猪种的退化。他们认为孩子是神灵带来并放进母腹中的。他们虽然看出处女不能怀孕，但这被认为是因为处女膜对神灵的活动设置了一道肉体障碍。在那里，未婚男女过的是一种完全自由恋爱的生活，但是出于某种不为人知的原因，未婚女孩是绝少怀孕的。足够怪异的是，未婚女孩怀孕时又会被认为是可耻的，尽管存在这样一个事实：根据当地人的处世哲学，她们做过的任何事均不导致她们怀孕。一个女孩迟早会厌倦这种生活，于是和别人结婚。她离开自己的村子，到丈夫的村子里生活，但是她和她生的孩子仍被认为是属于她原来那个村子的。她的丈夫被认为跟她的孩子没有任何血缘关系，其后代只能通过女性谱系来追溯。在其他地方，管教孩子的那种权力掌握在父亲手上，而在特罗布里安德岛民中间，这种权力是归舅舅行使的。然而，这就出现了一个十分奇特的复杂情况，兄妹禁忌格外严厉，以至于在他们长大成人之后，兄弟姐妹之间是绝不容许在一起谈论任何有关性的话题的，哪怕是十分间接地涉及性。结果，尽管舅舅拥有对孩子的管教权，但舅舅很少能见到孩子，只有孩子离开母亲、离开家的时候除外。这种值得赞叹的制度能使孩子在免受管教的情况下产生对父亲的感情，这在其他地方是没有的。孩子的父亲和孩子们一起玩耍，对待他们亲近友爱，但却无权命令他们做这个做那个；而他们的舅舅呢，虽然有权命令他们做这做那，却无权和他们经常相处。

足够奇怪的是，尽管岛民们相信孩子与其母亲的丈夫没有任何血缘关系，却又认定，从外表看，孩子更像他们母亲的丈夫，而不是他们的母亲或母亲的兄弟姐妹。实际上，说两兄妹之间或者某对母子之间相像，是很不好的失礼做法，即使相像之处一目了然，他们也会矢口否认。马林诺夫斯基的观点是，由于相信孩子更像父亲而不是母亲，才激起父亲对其孩子的感情。他发现，较之开化人群中常有的父子关系，那里的父子关系更为融洽，更有亲情，而且正如可以预期的，他在那里没有发现任何俄狄浦斯情结的迹象。

　　虽然在辩论方面作出了绝大的努力，马林诺夫斯基还是发现完全不可能说服他的那些岛民朋友相信，世上是有父子关系这类事情的。岛民们把这个看作是传教士虚构出来的一个愚蠢的故事。基督教是一种父权宗教，所以基督教对于不承认父系的民族来说，不论是在情感上还是在智识上，都是无法理解和接受的。"上帝我父"的说法不可避免地要让位于"上帝舅舅"的叫法，但这并没有赋予该词正确的含义，因为在基督教里，父亲这个身份含有权力与爱两层意思，而在美拉尼西亚，权力和爱分属舅舅和父亲。人是上帝之子民的观念，是无法灌输到特罗布里安德群岛居民的头脑中去的，因为他们不认为任何人是任何男性的孩子。结果，传教士们只好被迫先行处理这些生理学事实，之后才能继续宣讲他们的宗教。人们可以从马林诺夫斯基的书中看出，传教士们在这个初始任务上毫无战果，因而完全不能继续他们的传教工作。

马林诺夫斯基主张——我认为他在这一点上一定是对的，如果一个男人在妻子怀孕和分娩期间一直和妻子在一起，那么，在孩子出生时，做父亲的会有一种喜欢那孩子的本能倾向，这是父子感情的基础。"人类的父子关系，"他写道，"初看起来几乎完全缺乏生理基础，但可以证明它是深深扎根于自然天赋和生理需要之中的。"然而，他认为，如果一个男人在妻子怀孕期间没有和妻子在一起，那么在一开始，他是不会本能地感觉到对孩子的感情的。尽管如此，如果习俗和部族伦理导致他跟母亲和孩子交往，感情就会发展起来，就如同前面那种他和妻子一直在一起的情况一样。在所有重要的人际关系中，从社会看，可取的行为——尽管是属于本能的，但这种本能对这些行为并非总是强制性的——会被社会伦理所促成，这在那些野蛮人中也是如此。习俗规定，母亲的丈夫应该在孩子未成年前照顾和保护他们，而这种习俗是不难实行的，因为通常它是符合人类本能的。

马林诺夫斯基为了解释在美拉尼西亚人中一个父亲对其孩子的态度而诉诸本能，我认为，这个术语要比出现在他的书中的本能更具有普遍性。我以为，不论是男人或是女人，都会对他或她所要照管的任何一个孩子有一种亲近和疼爱的倾向。即使在一开始，只是因为习俗和惯例等的缘故，促使一个成年人去照顾一个孩子。然而，在大多数情况下，单单是照顾这件事本身，就会导致感情日滋夜长。毫无疑问，如果这个孩子是他所爱慕的女人的孩子，则这种感情还会增强。由此完全可以理解，这些野蛮人会对他们妻子的孩子表现出相当的奉献精神，并且可以肯定的是，这是文明人对于他们的孩子所给予的感情中一个重大的因素。马林诺夫斯基主张（他的观点是难以推翻的），全人类都必然经历过特罗布里安德岛民现在所处的阶段，因为过去一定有过一段时期，没有哪个地方是承认有父亲的。动物的家庭，只要其中包括有雄性，一定有一个类似的基础，因为它们再不可能有其他基础。唯有在人类中间，父亲身份的事实已经为人知晓之后，父亲的情感才采取我们现在所熟知的形式。

第三章 父权社会

有关父亲身份的生理事实一旦被认可,一种全新的成分就进入了父亲身份感当中,这种因素差不多在每个地方都导致了父权社会的产生。父亲一旦认识到孩子如《圣经》所说的那样是他的"种子",他对孩子的感情便因两个因素而加强:权力欲和对死后生命存续的欲望。一个人的后代的成就,在某种意义上就是他的成就,后代的生命就是他的生命的延续。他的抱负再不会因埋入坟墓而告结束,而是能够明确地通过后代的事业得到延续和发展。例如,想一想当亚伯拉罕被告知,他的子子孙孙将据有加南地的时候,他是何等的欣慰就明白了。在母系社会中,家庭的抱负必定受限于女人,而由于女人不从事打仗一类的事情,这样的家庭抱负自然不如父权家庭的有效。因而人们一定想象得出,父亲身份的发现会使人类社会比其在母系阶段时更有竞争性、更有活力、更有生气和攻击性。除了这种一定程度的假定性的结果之外，还有一种新的和高于一切的理由坚持妻子应保持贞操。嫉妒中那种纯本能的成分，几乎不如大多数现代人所想象的那么强烈。嫉妒在父权社会中所以表现出极端的力量，是由于担心后嗣不是亲生的。这可以从以下事实看出：一个对妻子已生厌倦而对情妇宠爱有加的男人，他的嫉妒心在他得知妻子有外遇时，肯定要比他发现情妇另有所爱时要强烈得多。一个合法的孩子是一个男人的自我的延续，他对这个孩子的感情是一种自我主义的表现形式。另一方面，如果这个孩子是非法的，这个推定的父亲就受到了蒙骗，把爱滥用在了一个与自己没有生理关系的孩子身上。因此，父亲身份的发现，导致妇女处于隶属地位，这是保证女人贞操的唯一手段。这种隶属地位起初是生理性的，后来则是精神上的，在维多利亚时代达到了登峰造极的地步。由于妇女处于隶属低位，在大多数文明社会中，夫妻之间并不存在任何真正的伉俪之情；夫妻关系一方面是主从关系，另一方面是责任关系。男人所有重要的想法和目标都只为他本人所有，而不会向妻子吐露，因为健全的想法可能会导致他的妻子背叛他。在大多数文明社会中，妇女几乎完全得不到有关世界和各种事务的经验。她们被人为地愚弄，因而对一切缺乏兴趣。我们可以从柏拉图的谈话中得出一个印象：他和他的朋友们都把男人视为真正爱情的唯一适当对象。关于这一点，如果考虑到这些人感兴趣的所有事情,就连有身份的雅典妇女也一无所知,人们就不会感到惊讶了。同样的情形在中国也很普遍,直到中华人民共和国成立之前还是如此;在波斯诗歌全盛期的波斯以及许多其他的时代和地方,这种情况也是很普遍的。爱情作为男女间的一种关系,被男人要确定孩子合法性的欲望破坏了。不仅爱情成为牺牲品,就连女性能够为文明作出的一切贡献,也因同样的原因而受到阻碍。

人们看待后代的方式发生转变时,经济制度自然随之发生变化。在母系社会,一个人继承的是他的舅舅;而在父系社会,一个人继承的是他的父亲。在父系社会中,父子间的关系要比母系社会中所存在的男性间的任何关系更为紧密。因为就如我们已经看到的,我们很自然地归之于父亲的职能,在母系社会中一分为二,一部分归于父亲,一部分归于舅舅:感情和照顾来自父亲,而权力和财富则来自舅舅。所以,很清楚,与更原始类型的家庭相比较,父权家庭是一个关系更紧密的单位。

看起来,只是随着父权制度的建立,男人才开始要求他们的新娘是处女。在实行母权制度的地方,年轻女子在性方面是和年轻男子一样放纵的,但是,当说服女人相信一切婚外性行为皆罪恶变得极端重要的时候,这种情况就不能容忍了。

在发现了存在着父亲身份这一事实之后,做父亲的便开始处处加以利用,把它发挥到极致。文明史主要是一个对父权逐渐衰落的记录,因为在大部分文明国家,父权刚好在有历史记录之前达到其顶峰。在中国和日本一直持续至今的祖先崇拜，看起来是早期文明的一个普遍特征。父亲对孩子拥有绝对的权威，这种权威扩展到方方面面，有时甚至拥有生杀之权，如在古罗马。在整个文明时期，做女儿的以及在许许多多的国家做儿子的，若没有父亲的同意，他们便不能结婚，至于他们应该和谁结婚，通常由父亲决定。一个女人在其一生中，是没有任何一个独立生存的时期的，婚前从属于她的父亲，婚后则从属于她的丈夫。同时，一个做婆婆的可以在家庭中行使近乎专制的权力；她的儿子和儿媳全都同她生活在一个屋檐下，媳妇们要完完全全地服从于她。在中国，直到现在我们仍可以听到，有年轻的媳妇因不堪婆婆的虐待而被迫自杀。此类仍可在中国见到的事情，不久之前在欧亚两洲各个文明国家也是很普遍的。当基督说他到世上来是要让儿子可以反抗父亲、媳妇反抗婆婆的时候，他所针对的正是类似于仍在远东所存在的一类家庭。父亲最初因力气比女人大而获得的权力，后来因着宗教的作用而增强，这在大部分形式的宗教中，可被界定为这样的信条：上帝是站在国家一边的。祖先崇拜或类似的东西十分流行。基督教的宗教理念，正如我们已经见到的，处处渗透着父亲的威严。社会的君主和贵族组织以及继承制度，在每一个地方都是以父权为基础的。这种制度在古时是由经济动机支撑的。从《创世纪》中可以看到，人们多么渴望拥有众多的子孙，而当他们拥有众多子孙的时候，这对他们是多么的有益。子孙的繁衍和牛羊的繁殖一样有益，多子多福嘛。这就是为什么在那时，耶和华命令人们增加繁衍，多多益善。

但是，随着文明的向前推进，经济状况改变了，于是，一度用以劝诱人们自私自利的宗教戒律，开始变得让人生厌了。罗马繁荣之后，富有之家就不再有一大家子人了。在罗马全盛期的后几个世纪里，尽管有道德家的劝诫，旧有的贵族还是不断减少，道德家们的劝诫就像现在这样没有效果。离婚变成一件容易而常见的事情，上层社会的妇女实现了几乎与男人平起平坐的地位，父权日衰一日。这种情况在许多方面与我们今天的情况相似，只是仅限于上层社会，但这让尚未富到从中受益的人震惊不已。与我们现代的文明相反，这一古代文明由于仅限于很小一部分人口而遭受磨难。正是这个原因使之在其存续期间很不稳定，并最终因一次自下而上的巨大迷信冲击而倒下。基督教和野蛮人的入侵摧毁了希腊－罗马的思想体系。虽然父权制度保留了下来，甚至在一开始和罗马的贵族制度相比，还有所增强，但它不得不去适应一种新的成分，即，从基督教的灵魂和救世教义派生出来的基督教性观念和个人主义。没有哪个基督教社会能够像古代文明和远东文明那样完全依据于生理，并且，基督教社会的个人主义渐渐影响了基督教国家的政策，同时，基督教关于个人可以不朽的承诺降低了人们对传宗接代的兴趣，而在此前，传宗接代在他们看来似乎是最有可能达致不朽的方式。现代社会虽然仍是父系的，虽然家庭仍然存在，但对于父权的依附性，远不如古代社会那么重要了。家庭的作用也比过去大大地减弱了。如今，人们的希望和抱负也与《创世纪》中的父亲们迥然不同了。他们宁愿通过自己在国家中的地位，而不是通过拥有众多的子嗣来成就大事。这种变化是传统的道德与宗教为什么不像过去那样有影响力的原因之一。尽管如此，该变化本身事实上就是基督教神学的一部分。要弄清这一问题的来龙去脉，则宗教影响人们的婚姻观念和家庭的方式，就是接下来必须考察的内容了。

第四章 阳物崇拜、禁欲主义与罪恶

自父亲身份的事实首次被发现以来,性就一直是一件对宗教具有重大利害关系的事情。这不过是人们意料之中的事,因为宗教关注一切神秘而重要的事情。多产,不论是庄稼的、牛羊的抑或是妇女的,对于农业和畜牧时代初期的人们来说,都是头等重要的大事。庄稼不见得总是丰收,性交也不一定总是导致怀孕。于是,人们转向宗教和巫术,以求得到所希望的结果。依照交感巫术的通常观念,据认为可以通过促进人的繁衍来促进土地的多产;而许多原始社会的人们所欲求的人类繁衍本身,可由各种各样的宗教和巫术仪式所促进。在古埃及,农业似乎在母系时代结束前就已产生。在那里,宗教中的性成分最初并不是男性生殖器,而是和女性生殖器有关,女性生殖器的外形被认为类似于玛瑙的贝壳,因而这种贝壳被认为是有魔力的,并逐渐被用作了货币。然而,这个阶段过去后,在后来的埃及,就像在大多数古代文明一样,宗教中的性成分采取了男性生殖器崇拜的形式。对于有关这方面最突出的一些事实,《文明中的性》① 一书中罗伯特·布利福尔特所撰写的一章,对此作了简短而精彩的描述:

> 在世界的每一个地方和每一个时代,农业节日[他写道],尤其是那些与播种和收获有关的节日,我们都能从中看到允许普遍性交的最引人注目的例子。……阿尔及利亚的农村人痛恨任何限制女人滥交的规定,理由是,任何推行性道德的企图都不利于其农业活动的成功。雅典的播种节以一种淡化了的形式,保存了原初的生育巫术特征。女人们手里拿着男性生殖器的象征物,嘴里吐着污言秽语。农神节曾是罗马人的播种节,现已被南欧的狂欢节所取代。在此类节日中,男性生殖器的象征物跟在印第安的苏族人中间和在非洲达荷美王国中所流行之物没什么分别,直至近些年,这都一直是一个突出的特征。②

---

① 卡尔弗顿和施马尔豪森编辑,哈弗洛克·埃利斯作序(1929年)。
② Briffault, *loc. cit.*, p. 34.

在世界的许多地方，据认为月亮（被认为属于阳性）是所有孩子的真正父亲。① 当然，这种观念与月亮崇拜有关。在司月祭司和司阳祭司之间、阴历和阳历之间，曾有过一次令人奇怪的冲突，不过它与我们目前的主题没有直接关系。历法历来在宗教中扮演着一个重要的角色。在直至18世纪的英国和1917年革命的俄国，人们一直使用着一部不精确的历法，因为他们觉得格里高利历（目前通用的阳历——译注）是天主教的。类似地，非常不准确的阴历在各个地方被信奉月亮崇拜的祭司所提倡，致使阳历的胜利来得缓慢而且是局部性的。在埃及，这种冲突一度是内战的一个根源。人们可以想到这与一场关于"月亮"一词是阴性还是阳性的语法论战有关。在德语中，"月亮"一词时至今日仍属于阳性。太阳崇拜和月亮崇拜均在基督教中留下了各自的痕迹，因为基督降生于冬至那天，他的复活则发生在逾越节的月圆那天。虽然断言原始文明有任何理性都属草率，但也难以反对这样的结论：太阳崇拜者的胜利，无论胜利在什么地方取得，都要归结于太阳对谷物的影响比月亮更大这

---

① 在新西兰土著毛利人中，"月亮是所有妇女永久的丈夫或真正的丈夫。根据我们祖先和长辈们的传说，男人和妻子结婚是一件无关紧要的事情：月亮才是丈夫"。类似的观点也存在于世界的大部分地方，而且显然代表了父亲不为人知的阶段向完全认识到其重要性的阶段的过渡。Briffault, *loc. cit.*, p. 37。

一显而易见的事实,因而农神节一般在春天举行。

在古代所有的非基督教宗教中,都存在着相当的男性生殖器崇拜因素,这为异教的神父们提供了许多的论战武器。然而,尽管他们进行了论战,男性生殖器崇拜的痕迹在整个中世纪始终存在,只有新教才最终成功地根除阳物崇拜的一切痕迹。

在弗兰德斯和法国,崇拜男性生殖器的圣徒并非不常见,比如布列塔尼的圣贾尔斯、安茹的圣雷内、布尔日的圣格勒佐、以及圣勒诺特和圣阿诺。在整个法国南部,最受人欢迎的圣弗丁因声名卓著,据说当过里昂的第一任主教。当其位于恩伯润的神祠被胡格诺人毁坏的时候,这位圣徒的生殖器象征物被人从废墟中取了出来。这象征物由于被祭以大量的葡萄酒而被染成了红色。这些酒是崇拜他的圣徒在过去习惯性地洒在这生殖器象征物上的,祭完后,他们再把这些酒当作一种医治不孕症与阳痿的灵丹妙药喝进肚子里。①

圣娼是另一种在古代广为流行的制度。在一些地方,体面的普通妇女常到寺院去,和僧侣或者偶遇的陌生人性交。另有一些情况,女僧侣本身就是圣娼。大概所有这一类的习俗,都是企图借助神赐使妇女生育,或者通过交感巫术使庄稼丰收而兴起的。

---

① Briffault, *loc. cit.*, p. 40.

到目前为止，我们一直在探讨宗教中赞成的因素。然而，从很早的时期起，反对的因素也是和赞成的因素并存的，最终，只要是在基督教和佛教盛行的地方，相对于它们的对手来说这些因素均取得了完胜。韦斯特马克①提到了人们的一种看法，他称之为"奇怪的观念，该观念认为，就像性关系中普遍存在的一样，婚姻中也有不洁和罪孽的东西"，并举出很多这方面的例子。在世界上差异极大、基督教和佛教之影响力远未触及的地方，都有关于要求男女僧侣宣誓独身的戒律。在犹太人中，艾赛尼派认为所有的性交都是不洁的。这种观点在古代很流行，连最仇视基督教的圈子也不例外。实际上，罗马帝国曾有一种普遍的禁欲主义倾向。伊壁鸠鲁学派在已开化的希腊人和罗马人中间几近灭绝，被斯多葛学派取而代之。在伪经（未被列入圣经正典的与圣经相关的经文，亦作秘经——译注）中，有许多章节表现出了对妇女的一种近乎修道士似的态度，这和较古的旧约诸书中所表现的雄浑男子气迥然有别。新柏拉图主义者几乎像基督教徒一样禁欲。凡物皆有罪孽的教义从波斯传到西方，伴随而来的是所有性交行为均属不洁的信条。这是教会的观念，尽管未采取极端的形式。关于教会，我现在还不想讨论，留待下一章吧。显而易见的是，在某些情况下，人们对性有一

---

① 《人类婚姻史》，第151页。

种自发的恐惧，这是一种在恐惧产生时类同于更寻常的性吸引力那样的自然冲动。我们要想能够判断哪种性制度最有可能满足人性，那么，对该问题加以考虑并从心理学上去理解就是必要的了。

首先，应该说明，从各信仰中寻找这种态度的根源是徒劳无益的。这种类型的信仰，最初肯定是受到某种情绪的激发的。诚然，这些信仰一旦产生，它们就可能比那种情绪更持久，或至少比因那种情绪而产生的行为更持久，但是它们几乎不太可能成为持某种反对性的态度的主要理由。我得说，导致这样一种态度的原因主要有两个：嫉妒和性疲劳。只要产生了嫉妒，哪怕只是轻微的嫉妒，性行为在我们看来也是令人讨厌的，而引起性行为的欲望就是让人恶心的了。一个受纯本能驱使的男人，如果他能够随心所欲，那么一定会要求所有的女人都爱他，而且只爱他一个；只要有哪个女人爱上了其他男人，他的内心都会泛起种种很容易转变成道德谴责的情绪，尤其是当那个女人是他的妻子的时候。例如，人们可以从莎士比亚的著作中发现，男人们都不希望他们的妻子易动感情。根据莎士比亚的著作，理想的女人应该是一个能够出于义务感而投身于丈夫的怀抱但又不能另有他爱的人，因为性本身在她看来是不愉快的，她所以能够忍受，只是由于道德规则要求她应该这样做。一个按本能行事的丈夫，如果发现自己的妻子不忠，他的内心就会对她和她的情夫满怀厌恶，并很容易得出结论：一切性都是肮脏的。当他因纵欲过度或年老体衰而丧失性能力时，情况尤其如此。既然在大多数社会里，老年人比年轻人更有影响力，那么在性问题方面，急躁鲁莽的年轻人的意见，不被视为正式的和正确的，就是很自然的了。

性疲劳是教化引起的一种现象，这在动物中间肯定是没有的，在未开化的人中间也一定是罕见的。在一夫一妻制的婚姻中，性疲劳是不可能发生的，即使发生，程度也是极轻微的，因为大多数男人需要有新奇事物的刺激，才会导致他们生理上的过度行为。如果女人可以随意拒绝男人求欢的要求，性疲劳也是不大可能发生的，因为在这种情况下，女人会像雌性动物那样，在每次性交之前要求男人调情，并且直到她们感到男人的激情已充分激起，才会满足男人的欲望。这种纯本能的感觉和行为由于教化的缘故，已经表现得很罕见了。对其最起制约作用的，是经济因素。已婚妇女和娼妓一样，均通过她们的性魅力谋生，因而不能仅当她们自己的本能冲动时才去满足对方的要求。这极大地削弱了调情所起的作用，尽管调情是一种防止性疲劳的天然卫士。结果，未受严格的伦理约束的男人，易于放纵性欲而导致过度，这最终将产生一种疲劳和厌恶感，进而自然而然地导致禁欲的信念。

嫉妒和性疲劳同时发生的时候——情况经常如此，反对性激情的力量可能变得十分强烈。我认为，这才是禁欲主义为什么易于在非常淫乱的社会里成长的主要原因。

然而，独身作为一种历史现象，也是有其他的根源的。献身于侍神事业的男女修道士，可能被认为已和这些神祇结婚，因而有义务戒绝一切和普通人性交的行为。他们自然会被认为是异常神圣的，因此神圣和独身之间就产生了一种联系。直到今天，天主教教会的女修道士仍被视为基督的新娘。人们所以认为她们和普通人性交是邪恶的，这肯定是其中的一个原因。

我怀疑，在古代世界的后期，禁欲主义所以日滋夜长，除了我们已探讨的原因之外，一定有其他更隐晦的原因。有一些时代，生活看起来是快乐惬意的，人们是生气勃勃的，这种俯仰于尘世间的乐事，就足以让人心满意足了。还有一些时代，人们似乎是萎靡不振的，现世和它的乐趣是不足以令人满意的，人们通过追求精神慰藉或向往未来的生活，来填补这种尘世景象的自然的空虚。可以将《雅歌》中的所罗门与《传道书》中的所罗门做一番比较：前者代表鼎盛期的古代世界，后者代表没落期的古代世界。是什么原因造成这个差别，我不敢妄自尊大地说知道。或许是某种非常简单的、生理性的东西，诸如，久坐不动的都市生活代替了活泼积极的旷野生活；也许是禁欲主义者过着平淡如水的生活；兴许是《传道书》的作者认为一切皆空，因为他没有做足够的锻炼。无论是哪一种原因，毋庸置疑的是，像他那种情绪是很容易导致对性的谴责的。我们已提及的诸原因以及其他的种种原因共同导致了古代后几个世纪的人们普遍的萎靡不振，而禁欲主义是这种萎靡不振的一个特征。不幸的是，正是在这个衰退和病态的时期，基督教伦理形成了。在其后的时期，生机勃发、富有活力的人们，不得不遵循那些病态的、萎靡的和幻想破灭了的人们的观念，竭尽全力地生活下去，而后者已然完全失去了生物价值感和人类生命延续的意识。不过这个话题，属于我们下一章的内容了。

第五章 基督教伦理

"婚姻,"威斯特马克说,"扎根于家庭之中,而不是家庭扎根于婚姻之中。"这个观点在基督教以前的时期本来是一个不言自明的常识,但是自基督教产生以来,它却变成了一个需要着重强调的重要命题。基督教尤其是圣保罗引入了一种全新的婚姻观,认为婚姻的存在主要不是为了生儿育女,而是为了防止私通罪。

圣保罗关于婚姻的观点,在《哥林多前书》中阐发无遗。人们推测,哥林多的基督徒当时有一种与继母发生不正当关系的奇怪做法(《哥林多前书》5:1),圣保罗觉得这种情况需要严重关注和处理。他阐述的观点如下[①]:

1. 论到你们信上所提之事,我说男不近女倒好。

---

① 《哥林多前书》7:1-9。

2. 但要免淫乱之事，男子当各有自己的妻子，女子也当各有自己的丈夫。

3. 丈夫当用合宜之分待妻子，妻子待丈夫也要如此。

4. 妻子没有权柄主张自己的身子，乃在丈夫；丈夫也没有权柄主张自己的身子，乃在妻子。

5. 夫妻不可彼此亏负，除非两厢情愿、暂时分房，为要专心祷告方可；以后仍要同房，免得撒旦趁着你们情不自禁，引诱你们。

6. 我说这话，原是准你们的，不是命你们的。

7. 我愿意众人像我一样，只是各人领受神的恩赐，一个是这样，一个是那样。

8. 我对着没有嫁娶的和寡妇说：若他们常像我就好。

9. 倘若自己禁止不住，就可以嫁娶；与其欲火攻心，倒不如嫁娶为妙。

可以看出，圣保罗在这段文字中一点都没有提到孩子：婚姻的生理目的在他看来是完全不重要的。这是十分自然的事，因为他想象着基督复临即将发生，世界末日将很快到来。在基督复临时，人类将被分成"绵羊和山羊"两类（圣经中的一种比喻说法，绵羊指好人，山羊指坏人——译注），所以真正重要的只有一件事：使自己在基督复临之时能够归入绵羊一类。圣保罗主张，性交是一种阻碍灵魂得救的事，就算是婚姻中的性交也不例外（《哥林多前书》8：32－34）。虽然已婚者还是有可能得救的，但私通却是该入地狱的大罪，不肯忏悔的私通者到时候肯定会归入山羊一类。我记得有一次，一名医生建议我戒烟，他说，我可以在每次烟瘾上来的时候啜一口酸水，这样戒烟就会容易些了。这同圣保罗提倡人们结婚是一个意思。他虽然没有暗示结婚和私通具有同样的快感，但他却认为结婚可使较软弱的弟兄抵挡住诱惑。他几乎从未认为婚姻中可能会有任何积极的东西，或夫妻之间的感情可以是一件美好而可取的事，同时他对家庭一点儿兴趣也没有。私通在他的头脑中占据中心的位置，而且他的整个性伦理无不与私通有关。这就好像人们强调烤制面包的唯一理由是为了防止人们偷糕饼一样。圣保罗没有屈尊告诉我们为什么他认为私通是邪恶的。人们倾向于怀疑，在放弃了摩西戒律从而可以随意吃猪肉之后，他希望以此表明，他的德行仍和正统犹太人的德行一样严格。或许，禁吃猪肉的长期岁月已经使得在犹太人看来，猪肉似乎像通奸那样让人甘之若饴，因此，圣保罗必须强调其教义中的节欲成分。

给一切奸淫定罪，是基督教中的一件新鲜事。《旧约》与早期文明的大多数法典一样是禁止通奸的，但它所谓的通奸，是指与已婚妇女的性交。这对于任何用心读过《旧约》的人都是清楚明了的。例如，当亚伯拉罕带着妻子撒拉来到埃及时，他告诉埃及国王，撒拉是他妹妹，对此信以为真的国王把她领进了他的后宫。后来,当撒拉乃亚伯拉罕之妻的真相大白的时候,国王发现自己无意中铸下大错,心中大为震惊,指责亚伯拉罕先前没有对他说实话。这是古代通行的规则,一个有婚外性行为的妇女被认为是恶的,但是,一个有婚外性行为的男人则不会遭到谴责,除非他和另一个男人的妻子发生了性行为,在这种情况下,他犯下了侵害他人财产的罪行。基督教关于一切婚外性行为均属不道德的观点,正如我们在上面圣保罗的话中看到的那样,建立在下述看法之上:一切性交,乃至婚内性交,都是令人遗憾的。这种有违生理事实的看法,只会被精神健全的人看作是一种病态的心理失常。这个观念已深深植入基督教伦理的事实,使得基督教在其整个的历史中,变成了一种倾向于使人心理失常和不健全人生观的力量。

圣保罗的观点被早期教会强调和夸大了,禁欲被认为是圣洁的,人类退缩到心理荒漠之中,去和撒旦格斗,因为撒旦在他们的想象中充满了淫欲的幻影。

教会攻击洗澡的习惯,其理由是,一切使身体更有吸引力的东西,都会导人于罪恶。污物受到了赞扬,圣洁之声誉变得越来越深入人心。"身体和衣物的洁净,"圣保拉说,"意味着灵魂的不洁。"[①] 虱子被称为上帝的珍珠,虱子满身乃是圣洁之人

[①] 哈夫洛克·埃利斯,《性心理学研究》,卷4,第31页。

一个必不可少的标志。

然而，改信基督教后活了50年的隐士圣亚伯拉罕，自皈依之日起就严拒洗脸洗脚。据说他是一位相貌非常英俊的男子，而且其传记作者有点异想天开地说："他的脸反映了他心灵的纯洁。"圣阿蒙从未看过自己的裸体。一个名叫西尔维亚的知名处女，虽然年已60，虽然因习惯不好而疾病缠身，但她仍遵守教规，除了手指之外，她坚决拒绝清洗身体的任何部分。圣欧丰诺西斯加入了一个有130名修女的修道院，她们从不洗脚，而且一提起洗澡便浑身颤抖。有一次，一名隐士推测自己被恶魔的幻影所捉弄，因为他看见一个因污垢和多年暴露而全身黝黑的裸体人，一头白发迎风飘舞，从他跟前滑过荒漠。埃及的圣玛丽曾是一个貌美如花的女人，但为了赎罪，47年间一直拒绝洗澡。僧侣们如果因偶尔堕落而有了好礼节的习惯，是会受很多责备的。"我们的父老，"男修道院院长亚历山大哀痛地缅怀过去，"从不洗脸，但我们却频繁地出入公共澡堂。"据说，沙漠里有一个修道院，那里的修道士备受缺水喝的折磨。但是经过修道院院长迪奥多西斯祷告，一条丰沛的溪流出现了。但没过多久，一些僧人因受到充沛水流的诱惑，背离了他们原来的苦行，说服修道院院长去利用这条溪流建造一个澡堂。澡堂建成了，修道士们享受了一次沐浴的快乐，也就仅仅这一次，这条溪水就断流了。祈祷、眼泪和禁食都徒劳无功。整整一年过去了。最后，修道院院长把造物主不悦之物——澡堂捣毁，那水竟又汩汩流动了。①

显然，在这样一类性观念盛行的地方，只要发生了性关系，这关系就往往是肉欲的和粗俗的，就好像禁酒期间喝酒一样。爱的艺术被遗忘了，婚姻则被肉欲化了。

禁欲主义者们的修行在人们的头脑中打下了一个深刻而持久的印记，让人们相信贞操是重要的。他们的修行虽然无比伟大，但却被它们对婚姻的恶劣影响所严重抵消。虽然在早期基督教神父们汗牛充栋的著述中，可以拣选出两三篇描述这一制度的绝妙文章，但总的说来，是很难认为有什么东西要比他们对待该制度的方式更为粗暴、更令人厌恶的了。正如林尼阿斯（瑞典博物学家——译注）所表明的，大自然出于修复死亡的损害这一崇高目的而设计的这种关系，甚至遍及整个花一般的世界，但人们总是把这种关系视为是亚当堕落的结果，而且几乎只从最低级的方面来看待婚姻。结婚所带来的温存之爱，以及随婚姻而产生的圣洁而美好的天伦之乐，几乎完全被排除在考虑之外了。禁欲主义的目的是吸引人们去过一种纯洁的生活，其必然的结果是，婚姻被看作是一种等而下之的事。的确，为了人类的繁衍，同时使人摆脱更大的罪孽，婚姻被认为是必要

---

① 莱基，《欧洲道德史》，卷2，第117–18页。

的，因而是正当合理的，但仍被当作一种堕落的条件，是所有渴望真正圣洁的人所唯恐避之不及的。按照圣耶罗米充满战斗性的有力措辞，"用圣洁之斧砍倒婚姻之树"乃是圣徒的目的，即使他同意别人去赞扬婚姻，也只是因为婚姻可以产生童男贞女。甚至在婚姻已经缔结的时候，禁欲主义的激情仍保有其针一般的锋芒。我们已经看到，这种激情是如何给家庭生活中的其他关系带来痛苦的。而其中的至圣者，更是给这些关系注入了十倍的痛楚。不论是丈夫还是妻子，只要染上强烈的宗情狂，那么，首先带来的影响便是使幸福的结合变成不可能。伴侣中更具宗教情结的一方会立刻渴望过一种独身的禁欲主义生活，或者，如果表面的离异没有达成，至少也要过一种婚姻中非自然的分居生活。在神父们的劝告书中，在圣徒们的传说中，这种思想大行其道，占据了极大的篇幅。但凡有这部分文学知识的人，肯定是熟悉这种情况的。这里稍举数例以飨读者。圣尼勒斯在已经有了两个孩子之后，产生了对当时流行的禁欲主义的渴望，经过一番泪水婆婆，竟然说服了妻子同意和他离异。圣阿蒙在新婚之夜，以历数婚后生活的罪孽来迎接他的新娘，结果二人马上同意分手。由于丈夫不同意，圣米兰尼亚历尽艰辛和恳求，最终使她丈夫同意分床而寝。圣亚伯拉罕在新婚之夜抛弃妻子，离家出走。根据一种稍后的传说，圣亚历克西斯也有类似的举动。但多年之后，他从耶路撒冷回到他父亲的家中，他的妻子一直在那里忍受着被抛弃的煎熬。圣亚历克西斯经过乞求，才得到一个大发慈悲般的容身之所。他住在那里，被人鄙视，没人认识，无人知晓，直到死去。①

然而，天主教会并没有像圣保罗和提贝易德的隐士们那样如此不合生理之道。人们可以从圣保罗那里得出这样的印象，婚姻仅仅被认为是一种多少合法的性欲发泄渠道。从他的言论中人们可以推断，他对节制生育并不持任何反对意见；相反，人们可以从中推测到，他认为怀孕和分娩的时期是危险的。教会则持不同观点。在正统的基督教教义中，婚姻有两个目的：一个是圣保罗所认可的，另一个是生儿育女。结果必然是使性道德甚至比圣保罗所规定的还要难以遵守。不仅性交只是在婚姻内才合法，甚至于夫妇之间的性交也是一种罪孽，除非是出于生儿育女的目的。实际上，根据天主教教义，生育合法后代的欲求，乃是可以证明性交合理与否的唯一动机。但是，这一动机总是可以证明性交是合理的，不论可能伴随而来的是多么残酷的事。即使妻子厌恶性交，就算孩子有可能先天残疾或者精神不健全，即使没有足够的金钱防止陷入极端的贫困，只要丈夫希望生儿育女，就不能阻止丈夫去行使其在婚姻上的权利。

在这个问题上，天主教教义有两个根据：一方面，依据我

---

① 莱基，《欧洲道德史》，卷2，第339-41页。

们已在圣保罗的话中所发现的那种禁欲主义；另一方面，则基于这样的观点，即给世界带来尽可能多的生灵是好事，因为每一个生灵都是能够获得救赎的。出于某种我不理解的原因，生灵同样也会下地狱的这个事实他们竟然没有考虑，而这似乎是极其相关的。例如，天主教徒运用他们的政治影响力来阻止新教教徒实行节育，然而他们又必定坚持，那些因他们的政治行动而得以存在的绝大多数新教教徒子弟，来世是要永久受苦受难的。这使得他们的行为似乎有些冷酷，但无疑这些都是凡夫俗子所无望理解的玄妙之事。

承认生儿育女是婚姻的目的之一，这在天主教教义中是很不完全的。它竭尽全力地得出这样一个推断：不是以生育子女为目的的性交是罪孽的。但它也从未走得太远，以致允许人们以不育为由解除婚约。无论一个男人生儿育女的愿望多么强烈，如果碰巧他的妻子不能生育，那么在基督教伦理中，他是找不到任何救药的。事实是，婚姻的积极目的即生儿育女，扮演着一个十分次要的角色，其主要目的，正如圣保罗所说，仍然在于防止罪孽的发生。私通仍居于舞台的中心，婚姻在根本上仍被视为一种两害相权取其轻的办法。

天主教教义通过把婚姻说成是一种圣礼，来设法掩盖这种卑劣的婚姻观。这种说教的实际功效在于使人得出婚姻是不可解除的推断。不论配偶中的一方可能做什么，就算其中的一人得了精神病或性病，或者变成了一个酒鬼，或者公开与另一个有妇之夫（妇）同居，这两个人的关系也仍是神圣的，而且，虽然在某些情况下可以允许他们分居，但他们再婚的权利却是绝不能允许的。当然，这在许多情况下会造成极大的不幸，但既然这种不幸是上帝的意志，人们也就只能忍受了。

与这一极其严酷的理论相伴随，天主教始终对于它所谓的罪孽之事抱有一定程度的宽容。天主教会承认，不能指望普通的人性总能达到教会戒律的标准，并且准备了一种赦免私通罪的方法，如果罪孽者承认自己的罪孽且确实忏悔的话。这种实践上的宽容举措，是一种增加教士手中权力的手段，因为只有他们可以赦罪，若不能赦罪，私通便要遭受永久的惩罚。

新教的观点有所不同，它在理论上不那么严厉，但是在实践中，它在某些方面则有过之而无不及。"结婚泻火强于欲火攻心"这句话给路德留下了极其深刻的印象，而且他也爱上了一个女修道士。他推断说，虽然独身誓约言犹在耳，但是他和那位女修道士也有结婚的权利，因为否则的话，情欲之火是会把他引向道德罪孽的。新教因此抛弃了对禁欲的称颂，而禁欲曾是天主教会的特征，并且，新教盛行之地还抛弃了所谓婚姻乃圣礼的教条，在某些情况下还容许离婚。但是较之天主教教徒，新教教徒对待通奸更让人生畏，他们的道德谴责也严厉得多。天主教容忍一定程度的罪孽，安排了各种处置罪孽的方法。新教则不然，他们废除了天主教认罪和赎罪的做法，这使得罪孽者的处境比起在天主教中要绝望得多。人们可以在现代美国看到这种态度的两个方面，在那里，一方面，离婚很容易实现，另一方面，对通奸的谴责要比大部分天主教国家严厉得多。

显而易见，整个基督教伦理体系，不论是天主教形式还是新教形式，都需要重新加以检视，尽可能不带有基督教教育使我们大多数人所形成的偏见。反复再三的宣讲，特别是在儿童时期，可以在大多数人的心中产生一种十分坚定的信念，乃至可以支配人们的潜意识，所以，我们虽然自认为对正统的态度相当解放，但实际上，仍有许多人在潜意识里被这些说教所左右。他们必须敞开胸怀扪心自问，是什么导致天主教谴责一切通奸行为？我们真的认为它作这种谴责有充分的理由吗？或者，如果我们认为不是这样，那么，除了天主教会所列举出的理由之外，是否还有其他的理由可以使我们得出同样的结论？早期天主教会的态度是，性行为中存在着本质上不洁净的东西，尽管在满足了某些初步条件之后而发生的性行为，是应该得到谅解的。应该把这种态度视为纯属迷信。教会采取这种态度的理由，大概就是那些在上一章中所探讨的易于使人产生反对性的态度的原因吧，也就是说，最初提出这种观点的人，一定在身体或心理上，或者在二者上是病态的。一种观念被人广泛接受的事实，无论如何都不能成为可以证明这种观点不荒谬的证据。

事实上，鉴于大多数人愚昧无知，一个广泛流传的信念与其说是明智的，倒不如说更有可能是荒谬的。佩卢岛的居民们相信，穿鼻孔对于获得永久的无上幸福是必要的。① 欧洲人认为，边诵读某些词语边把头弄湿，可以更好地达到这个目的。佩卢人的那个信念是一种迷信，而欧洲人的这个信仰却成了我们神圣宗教中的一条真理。

杰里米·边沁制作过一张行为动机表。在表中，每一个人类愿望在命名后按表扬、责备或中立三类，分别填写在三个平行的栏中。这样，我们在第一栏中看到"暴饮暴食"，与之相对，我们在下一栏中看到"喜爱社交聚餐之乐"。又如，我们在给冲动以赞扬名称的一栏中看到"公益心"，与之相对，我们在下一栏中看到的是"怨恨"。我建议，任何一个希望能够对任何伦理问题有清楚认识的人，在这一点上都能效仿边沁的做法，并且在习惯于下述事实之后，养成一种使用既非褒义又非贬义的字词的习惯：几乎每一个含有贬义的词，都有一个含有褒义的同义词。"奸淫"和"通奸"都是含有十分强烈的道德谴责之义的词，以致我们使用它们时，很难对它们加以清醒地思考。然而，那些想败坏我们道德的下流作家却使用另外一些字眼，这类作家会说的是"风流"或者"不受冷冰冰的法律约束的

---

① 韦斯特马克，《人类婚姻史》，第170页。

爱"。这两类词均旨在引起偏见,如果我们希望思考时不带偏见,我们就必须同时避免这两类词。不幸的是,这样做势必会伤及我们的文学体裁。褒义词和贬义词都是丰富多彩和生动有趣的。读者会被诅咒或赞美的字眼所左右,使用小小的技巧,作者就能随心所欲地调动读者的情感。然而,我们都希望诉诸理性,因此我们必须使用枯燥无味的中性词,比如"婚外性关系"。不过,这种要求或许太严苛了,因为我们所要讨论的,毕竟是一件与人类情感紧密相关的事,如果我们把情感完全排除出我们的作品,我们也许就无法传达出我们正在讨论的问题的本质了。关于所有有关性的问题,都有一种倾向,要么从当事者的角度,要么从局外嫉妒者的角度来描述。我们自己做的事是"风流",他人做的事却是"通奸"。我们因此必须记住那些带有感情色彩的词,我们也许偶尔会使用它们,但是,我们使用它们时必须慎之又慎。一言以蔽之,我们必须满足于使用科学准确的中性词。

通过强调性方面的操守,不可避免地,基督教伦理做了大量降低妇女地位的事。因为道德家都是男人,所以看起来应该是女人诱惑男人;倘若道德家是女人,那么男人就会担当这个角色。既然女人是诱惑者,那么,减少她们诱惑男人的机会就是可取的了;这么一来,受人尊敬的女人越发受到限制,而那些不受尊敬、被认为有罪孽的女人,则受到极大的鄙视。只是到了近代，女性才重新获得了她们曾在罗马帝国所享有的那种程度的自由。如前所述，父权制度与妇女束缚干系甚大，不过这种情况在基督教产生之前已大大减少了。到了康士坦丁之后，妇女的自由再度被减少，借口是保护她们免于罪孽。只是由于现代社会罪孽概念的淡化，妇女才开始重获自由。

基督教神父们的著作充满了辱骂女性的文字。

妇女代表着地狱之门和一切人类罪恶之本。只要想到自己是女人，她就应该感到羞愧。她因为带给这个世界的诅咒，而应该在不断的忏悔中度日。她应该对自己的衣着感到羞愧，因为那是她堕落的纪念物。她尤其应该对她的美丽愧疚于心，因为那是恶魔最有力的工具。形体的美丽的确历来都是教会声讨的主题，即使以前有过个别的例外；因为有人观察到，在中世纪，主教们的身体之美持续见之于他们的墓志铭上。在6世纪，由于认为她们身体不洁，有一个省的评议会甚至禁止女人用裸手接受圣餐。一直以来，不断有人强调女人的地位从本质上来说是从属的。①

有关财产和继承权的法律也针对女人而作了同等程度的修改，只是通过法国大革命的自由思想家们的努力，妇女才重新获得了继承权。

---

① 莱基，《欧洲道德史》，卷2，第357－8页。

第六章　浪漫之爱

随着基督教和野蛮人的胜利，男女之间的关系沦落到了一种在古代世界多个世纪里闻所未闻的残忍境地。古代世界虽然是恶劣的，但却不是残忍的。在黑暗的中世纪，宗教和野蛮合在一起，降低了性生活的格调。在婚姻里，妻子是没有任何权利的；在婚姻外，既然一切皆罪恶，那么在抑制未开化的男性的自然兽性方面，是没有任何目的的。中世纪的不道德现象普遍而令人作呕，主教们冒天下之大不韪，明目张胆地与他们自己的女儿同居，大主教提拔他们的男宠到邻近的教区当主教。虽然人们日益相信牧师是过独身生活的，但现实并不与戒条一致。教皇格利高里七世曾费了九牛二虎之力，促使神父们遣散了他们的妻妾，然而迟至阿柏拉德的时候，我们发现，虽然他认为自己娶赫洛伊斯的名声不好，但还是可以接受的。只是到了13世纪末，牧师的独身主义才得以严格实行。当然，牧师继续和女人们发生不合法的关系，他们不能赋予这种关系以任何的尊严和美好，因为事实是，连他们自己都认为这种关系是不道德的和不纯洁的。鉴于教会持有禁欲主义的性观念，他们在美化爱的观念一事上也是无能为力的。这件事不可避免地成了凡夫俗子的工作。

教士们一旦食言，开始过那种他们认为是习惯性罪恶的生活，那么，他们很快便会堕落到远低于世俗人之下的水平，这是不足为奇的。比如，教皇约翰二十三世被指控犯有乱伦、通奸及许多其他的罪行；在坎特伯雷，一名获选但未就任的圣奥古斯丁男修道院院长，1171年调查发现，他仅在一个村子里就有17个私生子；在西班牙圣彼拉奥的一名男修道院院长，1130年证实他至少有70个姘妇；列日的主教亨利三世，因有65个私生子而于1724年被免职。我们也许不应该过分强调这类关于堕落的孤例，但一长串议会和教会作者们的证据是不容否认的。在他们的描述中，还有比简单的男女非法同居严重得多的罪恶。有人评论说，牧师如果确实娶了妻子，而对于这种关系实属非法也心知肚明，那么，这种心知肚明对于他们的忠诚是特别致命的，而且，重婚与频繁更换性伴侣的现象在他们中间是特别普遍的。在中世纪作家的笔下，充满了这类事情的描述：像妓院一样的女修道院，修道院的围墙里大量的杀婴事件，以及牧师乱伦的盛行，以至于不得不再三颁布最严厉的法令，禁止他们与自己的母亲和姐妹住在一起。几乎把不合本性的爱从世界上连根拔除曾是基督教的伟大功劳之一,但仍然有人多次言及这种不合本性的爱在各修道院里徘徊不去;宗教改革前不久,针对这类为淫乱行为而忏悔的事情,人们的抱怨之声变得高涨而频繁。①

纵观整个中世纪,在教会的希腊-罗马传统和贵族的条顿传统之间有一种令人感兴趣的分工。它们为人类迈向文明作出了各自的贡献,但二者的贡献是迥然不同的。教会贡献的是学识、哲学、正经法典以及基督教世界的统一观,这一切都是地中海古代文明传下来的传统的结果。世俗之人贡献的是普通法律、非宗教性的政治形式、侠客、诗歌和浪漫文学,而与我们干系甚大的贡献,则是浪漫之爱。

要说中世纪之前浪漫之爱不为人知,这是不正确的,但唯独在中世纪,浪漫之爱才成为一种被普遍认可的情爱形式。浪漫之爱的本质是,它把所爱的对象看作是极难拥有的,是十分珍贵的,因而求爱者需要作出巨大的努力,通过多种多样的方式,比如通过诗歌、歌曲、武艺或者用其他任何可以想到的最能取悦女人的方式,才能赢得所爱对象的爱。相信那女人具有巨大的价值,这是一种因难以得到她而产生的心理作用。所以,我认为可以确定的是,如果一个男人不费吹灰之力就能得到一

---

① 莱基,《欧洲道德史》,卷2,第350、351页。

个女人，那么，他对她的感情就不会采用一种浪漫之爱的形式。浪漫之爱，正如中世纪所呈现的，其目标起初并不是那些可以与求爱者发生合法或非法性关系的女人，而是那些最受尊敬的女人，她们与浪漫的情人被种种不可逾越的道德和传统藩篱隔离开来。教会使人们觉得性天生就是不洁的，它在这项工作上完成得如此彻底，以至于要对一个女人产生任何诗情画意般的情感都变成不可能，除非那个女人被认为是可望而不可及的。相应地，要说爱有什么美的成分，它也必须是柏拉图式的。对于现代人来说，要凭想象去体会中世纪那些诗意般的情人的心理，是十分困难的。他们一心一意地抒发着热烈的情感，不带有任何狎昵的欲望，这在现代人看来似乎太过奇怪，乃至倾向于把他们的爱情视为只是一种文学惯例而已。无疑，有时候事情的确是这样，而且，中世纪的文学表达方式为风俗所左右。但是，但丁对于比阿特丽丝的爱，正如在《新生》中所表达的那样，肯定不仅仅是常规性的。相反，我要说，那种情感要比大多数现代人所知的任何情感都更富有激情。中世纪较清高的人士是看不上这种人世间的生活的；在他们看来，我们人类的本能是堕落和原罪的产物。他们厌恶肉体和肉欲；在他们眼里，唯有在对某种在他们看来超乎一切性成分的客体进行冥想时，纯粹的快乐才可能得到。在爱的范畴中，这种观念只能产生我们在但丁那里看到的那种态度。一个男人如果热爱并尊重某个女人，他是不可能把她和性交的念头联系在一起的，因为一切性交在他看来多少都是不洁的；他的爱因而会采取诗歌和想象的形式，会很自然地充满象征主义。所有这一切对文学的影响是令人惊叹的，这一点可在自腓特烈二世的宫廷中起始至文艺复兴时代的鼎盛期为止的爱情诗演进史中看到。

对于中世纪后期的爱情，最好的描述之一就我所知出现在约翰·赫伊津哈所著的《神世纪的衰落》(1924年）一书中。

［他说］在12世纪，当普罗旺斯的抒情诗人们使未满足的欲望占据诗的爱情观的中心位置时，文明史上一个重要的转折出现了。古人曾吟诵过爱的种种苦涩，但若非对幸福的向往和他们不幸的失败，古人才不会想这些痛苦呢。佩拉马斯和西斯比以及谢法拉斯和普洛克利斯让人伤感的地方，在于他们悲惨的结局，在于那已经享有的幸福令人心碎的失去。另一方面，宫廷诗把欲望本身作为基本主题，创造了一种具有消极基调的爱情观念。这种新的诗歌理想不用舍弃所有与肉体的关系，同时又能容纳各种各样的伦理愿望。爱情现在变成了所有的道德和文化完人在其中大放异彩的田野。宫廷式的情人由于爱情的缘故，而成了纯洁的和有德行的人。精神元素的支配性影响越来越大，直到进入13世纪末期，才以但丁及其朋友们的"温柔的新体"而告结束。"新体"赋予爱一种能力，认为爱能够给人带来虔诚和圣洁的感觉。这里走向了一个极端。意大利诗歌逐

渐找到了自己的道路，回归到一种不那么崇尚性爱观的表达方式。彼特拉克（意大利诗人，人文主义的奠基者，近代诗歌创始人——译注）则处于精神化的爱情理想和古代式比较自然的魅力之间。当文艺复兴时期已经潜藏于宫廷爱情观中的柏拉图主义，形成了新的带有精神趋向的爱情诗歌形式时，矫揉造作的宫廷爱情体系便很快被抛弃了，其精巧的特性也不会再恢复了。

不过，在法国的勃艮第，事情的发展与意大利的情形并不完全一样，因为法国贵族的爱情理想是被《玫瑰传奇诗集》（乔叟创作，现已失传——译注）所左右的。《玫瑰传奇诗集》描述的是骑士爱情，但并不坚持这种爱中仍未满足的欲望。事实上，它是对教会说教的一种反抗，是一种实质上对于爱在生活中的正当地位的异教主张。

上流社会对智识和道德的见解都包含于《堕落的贵妇》中，这个阶层的存在仍是历史上一个相当例外的事实。还没有哪个时代，其文化理想和爱情理想结合到了如此地步。就像经院哲学代表着中世纪精神的宏大努力，把一切哲学思想融于一个中心那样，宫廷爱情理论也想在一个不那么高尚严肃的领域，把有关高尚生活的一切都包罗在一起。《玫瑰传奇诗集》没有摧毁这个体系，而只是修正了它的倾向，并丰富了它的内容。①

---

① 赫伊津哈，《神世纪的衰落》，第95-6页。

那是一个格外粗鄙的时代,但是《玫瑰传奇诗集》所倡导的那种爱,尽管在教士的眼里是不道德的,但它却是优雅的、堂皇的和温存的。当然,这样的想法只为贵族所有,他们不仅有闲暇的时间,而且一定程度上摆脱了教会的专制。对于爱情动机具有重要分量的骑马比武,教会虽憎恶之,却无力抑制之,就像它无法扑灭骑士之爱的制度一样。在我们这个民主的时代,我们很容易忘却这个世界在各个时代所亏欠贵族的东西。的确,在爱的复归这件事上,如果没有骑士制度的浪漫所开辟的道路,文艺复兴是不可能取得如此成功的。

在文艺复兴时期,作为反抗基督教而趋于信奉异教的结果,爱情虽然保存着诗意,但通常不再是柏拉图式的了。文艺复兴时期对中世纪习俗的评论,可以在有关堂吉诃德和他的情妇达西尼亚的描述中见到。尽管如此,中世纪的传统并非没有影响:西德尼爵士的《爱星者与星星》就充满了这种影响,莎士比亚献给 W. H. 先生(据考证他就是莎翁本人——译注)的十四行诗也受到相当的影响。然而,总的说来,文艺复兴特色的爱情诗是欢悦的和率直的。

> 不要讥笑躺在你床上的我
> 这寒冷之夜快要把我冻死

伊丽莎白时代的一名诗人写道。必须承认，这种情感是率直的和不受约束的，而绝非是柏拉图式的。然而，文艺复兴时期从中世纪的柏拉图式爱情中学到了利用诗歌作为一种求爱的手段。《辛白林》中的克洛顿遭人嘲笑，因为他不会写情诗，不得不雇了一个贫困酸丁，这位穷酸丁只会作"听吧，听吧，百灵鸟"，人们会说这种努力是相当值得的。令人好奇的是，在中世纪以前，虽然也有许许多多的爱情诗，但直接的求爱之作是非常少的。有一首中国诗表达了一个女人因丈夫出远门而产生的忧伤；有一首神秘的印度诗，诗中的灵魂是一个新郎来代表的，他盼望着新娘即上帝的到来。但是人们可以推断，如果男人不费吹灰之力便可得到他们想要的女人，那就几乎没必要用音乐或诗歌向她们求爱了。从艺术的视角看，若女人太容易得到，那的确是一件憾事。最理想的情况是，女人难以得到，但又不是完全不能亲近。这种情况自文艺复兴以来多少是存在的。其困难之处，部分是外在的，部分是内在的，内在的困难来源于对传统道德说教的顾忌。

浪漫之爱在浪漫主义运动中达到顶点，其首要的倡导者或许当属雪莱。雪莱在恋爱时心中充满了高雅的情感，以及一种要把它们表达在诗中的富于想象力的思绪。十分自然地，他认为产生这些结果的情感是完全美好的，他看不出有什么理由要去约束爱情。然而，他的论证建立在不正确的心理之上，是其欲望受到了种种阻碍才驱使他去写诗的。要不是那位高贵而又不幸的女人艾米莉亚·维维亚尼被送到了一个修道院里，他是不会感到有必要写《心之灵》一诗的；要不是简·威廉斯有一位相当贤淑的妻子，他也是决不会写下《回忆录》的。他所痛诉的种种社会藩篱，正是激发他创作出一篇篇佳作的实质性的推动力量。雪莱身上的那种浪漫之爱依赖于一种不稳定的平衡状态，在这种状态下，传统的障碍依然存在，但并不是完全无法逾越。如果障碍无法克服，或假如它们不存在，浪漫之爱就不大可能大放异彩。试以中国的制度作为一个极端：在这个制度下，一个男人除自己的妻子之外是永远遇不见任何体面的女人的，当他感到妻子满足不了自己的欲望时便会去逛妓院；他的妻子不是自己挑选的，他大概在新婚那天之前是不认识她的；结果，他的一切性关系完全与浪漫意义上的爱无缘，他从来就没有机会作出种种能够激发出爱情诗的求爱努力。另一方面，在一种完全自由的状态下，一个能够创作出伟大爱情诗的男人，有可能通过他的魅力取得如此巨大的成功，乃至他不怎么需要付出富于想象力的努力便可实现这一点。因此，爱情诗取决于传统习俗和自由之间某种微妙的平衡，这种平衡一旦向某一方倾斜，爱情诗便不大可能以其最佳的形式存在。

然而，爱情诗并不是爱的唯一目的，浪漫之爱即使不激发出艺术的表达也能大放异彩。我本人相信，浪漫之爱乃是生活所能赋予的最大快乐的源泉。彼此用激情、想象和温存相爱的男女，二者的关系中有某种东西是具有无法估量的价值的，对它的无知，对于任何人而言都是极大的不幸。我以为，重要的是一种社会制度应该允许这种快乐，尽管它只能是人生的一个调剂品，而非其主要目的。

在近代，也就是自大约法国大革命时期以来，有一种理念成长起来，即婚姻应该是浪漫之爱的结果。大多数现代人，至少是在说英语的国家，认为这是理所当然的，他们一点也不知道就在不久之前，浪漫之爱乃是一种革命性的革新。一百年前的小说和戏剧，大多描述的是年轻一代努力抗争，以建立这种与父母之命的传统婚姻相对立的新式婚姻的基础。结果是否真的像革新者们所希望的那么好，也许是值得怀疑的。这里得稍微说一说马拉普洛太太（英国喜剧作家理查·布林斯莱·谢立丹所作的爱尔兰喜剧《情敌》中的人物——译注）的原则：在婚姻中，爱和憎均会消磨掉，所以刚开始时多少有点讨厌的为好。的确，如果人们结婚时，如果婚前没有关于异性的性知识，那么在浪漫之爱的影响下，每一方都会想象着对方拥有比道德完人更多的东西，并认为婚姻将是一个梦寐以求的至福梦想。特别是如果女方在成长过程中无知而纯洁，因而不能把性饥渴和情投意合区分开来，这种情形就更容易产生了。在婚姻的浪漫观较任何其他地方更受重视且法律和习俗均以老处女的梦想为基础的美国，结果就是离婚的现象极其普遍，幸福的婚姻极端罕见。婚姻是一件比相互陪伴、两情相悦更为严肃的事情；婚姻是一种制度，通过生儿育女这一事实，而构成紧密交织的社会的一部分，它的重要性远远超过夫妻间的个人感情。浪漫之爱应该成为结婚的动机，这兴许是对的，我也认为这是对的，但是应该知道，那种能够使婚姻幸福美满并实现其社会目的的爱并不是浪漫的，而是更亲密、更有亲情和更现实的东西。在浪漫之爱中，往往不能准确地看清被爱的对象，而是雾里看花。毫无疑问，某种类型的女人甚至在结婚之后仍有可能陷于这种迷雾之中，如果她有某种类型的丈夫的话；但是，仅当她避免了一切与丈夫的真正的亲密交往，并且在其内心最深层的想法和情感方面保有一份斯芬克斯似的秘密，以及肉体方面某种程度的秘密，才能达此目的。然而，如此做法使得婚姻不可能实现其最合适的可能性，因为后者有赖于一种完全不带幻想的深厚亲情。此外，浪漫之爱为婚姻所必需的观点，实在太无法无天了，而且它像圣保罗的观点那样，尽管是在相反的意义上，它们均忘记了婚姻所以重要就在于孩子。要不是为了生儿育女，任何与性有关的制度就完全没必要存在了，但是一旦涉及孩子，只要夫妻两人育有一儿半女，那么，他们就将被迫认识到，他们彼此之间的感情就不再是最重要的了。

第七章 妇女的解放

当前性道德的转变条件主要归结于两个原因,首先是避孕药物的发明,其次是妇女的解放。前一个原因我将在以后讨论,后一个原因是本章的主题。

妇女解放是民主运动的组成部分,它始于法国大革命,这场革命,正如我们所见到的,改变了继承法,这种改变是有利于女性的。玛丽·沃斯通克拉夫特的《妇女权利的辩护》一书,是种种引起法国大革命并被法国大革命所激发的思想的产物。从她那个时代起直到今天,男女平等的主张日益得到重视并获得成功。约翰·斯图尔特·穆勒撰写的《妇女的屈从》,是一本颇具说服力和论证充分的著作,它对于他下一代中较有头脑的人产生了极大的影响。我的父母都是他的追随者,而且我母亲早在19世纪60年代初,就经常发表赞成妇女选举权的演说。她的男女平等思想是如此的强烈,以至于生我的时候,请了第一位女医生加勒特·安德生来接生。当时,安德生尚未被允许做一名有执业资格的医生,只是一个有证书的助产士而已。在那段早期的岁月,男女平等主义运动局限于上流社会和中产阶级,因而没有很强大的政治力量。每年都有一个给予妇女选举权的议案交到国会,虽然总是有某个议员提出动议并有其他议员附议,但在那个时候,议案永远也没有任何机会获得通过成为法律。然而,那时的中产阶级男女平等主义者在他们自己的领域里取得了一个巨大的成功,那就是《已婚妇女财产法案》的通过(1882年)。在该法案通过之前,已婚妇女所拥有的无论什么财产,都是置于她丈夫的控制之下的,当然,如果财产有信托,她丈夫是不能动用那些资金的。此后的妇女政治运动史是很近的事情,而且广为人知,这里就不再赘述了。然而,值得注意的是,在大多数文明国家中,考虑到该问题所涉观念的改变幅度之大,妇女在获得政治权利方面的速度之快是过去没有先例的。奴隶制度的废除多少有点类似,但是毕竟,一切奴隶制度在现代欧洲各国均不存在,而且并不涉及任何像男女关系那样密切的东西。

造成这种突然变化的原因,我认为有两个方面:一方面有民主理论的直接影响,这就使得对于妇女的要求不可能找到任何合乎逻辑的答案;另一方面存在着这样的事实,即越来越多的妇女走出家门自谋生计,而不再依靠父亲或丈夫的恩赐来获得舒适的日常生活。当然，这种情形是在欧洲战争期间达到顶点的，以前通常由男子从事的很大一部分工作，在战时不得不由妇女去承担了。战前，通常强烈反对妇女选举权的理由之一是，妇女往往是和平主义者。但在战时，妇女在很大程度上驳倒了这一指责，她们也因在这种流血的事业中作出了自己的贡献而被给予了选举权。在那些曾想象着妇女将会提高政治道德格调的理想主义先驱们看来，这种情形也许是令人失望的，但是，以一种破坏其理想的形式获得他们为之奋斗的东西，这似乎是理想主义者的命运。当然，妇女的权利事实上并不依赖于任何认为妇女在道德或任何其他方面优于男子的信念，而仅仅取决于她们作为人的权利，或更确切地说，取决于有利于民主的一般论证。但是，就像当被压迫阶级或民族要求其权利时往往会发生的那样，辩护者们寻求通过下面的论点来强化这个一般论证：妇女有其独特的价值，这些价值一般是属于道德范畴的。

然而，妇女的政治解放与本书主题只有间接的关系，跟婚姻和道德有重要关系的，是妇女的社会解放。在早期的岁月以及直至今天的东方，妇女的道德都是通过隔离的方式来保障的。人们从未作出什么努力来给予她们内在的自我克制，而做的每一件事，都是消除一切使她们犯下罪孽的机会。在西方，这种方式从未得到人们全心全意的采纳，但是有身份的妇女从小就受到教育，使她们对婚外性交产生一种恐怖的心理。随着这种教育的方式越来越完善，外部障碍就被消除得越来越多。那些尽力消除外部障碍的人确信内心的障碍已经足够了。比如，人们认为陪伴是没必要的，因为一个从小受过良好教养的姑娘，无论得到多少机会，也是绝不会轻易接受年轻男人的示爱表示的。在我年轻的时候，有身份的妇女普遍认为，性交在绝大部分女人看来都是不愉快的事，只是出于义务才忍受婚内性交的。抱着这种观念，她们愿意冒险，给予她们的女儿更大程度的自由，其程度超过了较现实的时代认为是明智的范围。其结果或许与她们预期的稍有不同，这种差异在已婚妇女中和未婚女子中都是同样存在的。维多利亚时代的妇女就处于精神的牢笼之中，许许多多的妇女至今如此，只是这个牢笼不大为意识所觉知罢了，因为它是由潜意识的抑制作用构成的。在我们时代的年轻人中间，这种抑制作用已经消退，它导致了埋在重重假正经之下的本能欲望重现于意识之中。这一点对于性道德正产生一种十足革命性的影响，影响所及不只是某个国家或某个阶级，而是所有的文明国家和所有的阶级。

男女平等的要求从一开始就不仅与政治事务有关，而且与性道德有关。玛丽·沃斯通克利夫特的态度是完全现代的，但是后来的女权运动先驱们在这方面并未效仿她。相反，他们绝大部分都是希望把迄今仅仅由妇女承受的道德锁链套在男人身上的严厉的道德家。然而，自1914年以来，年轻的妇女由于不具有太多的理论知识,她们迈上了一条不同的道路。战争对人们情感的刺激无疑是这种新动向的诱因,但无论如何,这种情况要不了太久总是会发生的。在过去,女性德操的动机,主要是对地狱之火的恐惧和对怀孕的担忧;前一种恐惧因神学正统的衰微而完结,后一种担忧则因避孕药物的出现而消除。传统道德设法通过习俗和精神惯性的力量一度得到维持,但战争的冲击导致这些障碍轰然倒塌。现代的女权主义者不再像30年前的女权主义者那样急于去削减男人的"罪恶"而提出她们的要求:允许男人得到的,也应该允许女人得到。她们的前辈们寻求的是男女道德束缚方面的平等,而现在她们追求的是道德自由方面的平等。

这整个运动可以说尚处于起步阶段,运动将如何发展还无法断言。运动的追随者和践行者大都还非常年轻,他们在权势者中间几乎没有拥护者。只要诸般事实被警察、司法界、教会及他们的父母所知晓,这些有权力的人都会起来反对他们,但总的说来,这些年轻人一般都能善意地隐瞒此类事实,不让那些会为此类事实痛苦的人知晓。公开这些事实的作家,比如林德赛法官,被老一辈认为是在诽谤年轻人,虽然年轻人并没感到自己遭到诽谤。

当然,这样一种情形是非常不稳定的。是老一辈将知道事实,并着手去剥夺年轻人刚刚获得的自由,还是年轻人将在成长起来后，亲自取得有尊严而重要的地位，从而使得这种新的道德有可能获得权威人士的认可，这两件事究竟哪个会先发生，尚存有疑问。可以推测，在一些国家，我们将看到其中的一种情形，而在另一些国家会看到另一种情形。在不道德就像任何其他事情那样是政府特点的意大利，正大力推行"德行"。俄国的情况则恰恰相反，因为政府是站在新道德一边的。在德国有新教的地区，自由可望赢得胜利，而在有天主教的地区，这种情况就相当值得怀疑。法国几乎不大可能摆脱其悠久的传统，这种传统中对不道德有某些明确的容忍形式，但除此之外它不会再有什么进展了。至于英国和美国以后的情况会如何，我就不敢贸然断言了。

不过，我们在这里暂且停下来，去探讨一下男女平等要求中的逻辑含义。从没有记载的年代起，男人即便不是在理论上，也是在实践中被允许沉湎于非法的性关系。对于男人，人们并不指望他在结婚时应该是一个童男，即使在结婚之后，男人的不忠行为也不被认为是十分严重的事，只要这种行为不为妻子或邻里知晓就行。这种制度的可行性有赖于娼妓。但是，娼妓制度是现代人很难为之辩护的制度之一，并且很少有人会提出女子应该通过下述方式取得和男子一样的权利：设立一种男妓，来满足那些希望能像她们的丈夫那样，表面贞洁实则不然的女人的要求。不过相当肯定的是：在当今晚婚的年代，只有少部分男人在能够和一名同阶层的女人建立家庭之前,仍能克制住自己的性欲。若未婚男子不用节制性欲,那么,从权利平等出发,未婚女子就可以声称她们也不必节制性欲。在道德家眼里,这种情况毫无疑问是可悲可叹的,任何一个传统道德家如果费点神去好好想想这个问题,都会发现他们在实践中执行的是双重标准,也就是说,性道德在女人中比在男人中更重要。完全可以论证说,他们理论上的伦理也是要求男子节欲的。对于这一点,有一个明显的反驳理由:这种要求不能加在男人身上,因为对男人来说,秘密地犯下罪孽是很容易的。那些传统道德家因此违背了自己的意愿,不仅承认男女之间的平等,而且抱着这样的观点,即年轻的男子跟娼妓性交要强于跟同阶级的女孩性交,尽管事实是,他与后者而非与前者的关系不是金钱性的,而且可能是有感情的和两情相悦的。当然,道德家们并没有想透,提倡一种他们明知不会被人遵守的道德的后果,他们认为只要不提倡卖淫,他们就不用为卖淫是他们的说教不可避免的结果这一事实负责。然而,这只不过又一次证明了一个众所周知的事实,即,我们时代的职业道德家是一群低于平均智力水平的人。

鉴于上述情况,很明显,只要有很多男人出于经济原因觉得早婚不可行,同时有许多女人根本嫁不出去,那么,男女之间的平等势必要求放宽传统的女性道德标准,如果允许男人婚前性交（事实上就是如此），那也必须允许女人这样做。在所有女人过剩的国家，一件明显有失公允的事情是，那些由于过剩而必然嫁不出去的女人完全得不到性经验。毫无疑问，妇女运动的先驱们，脑中是不存有任何这样的后果的，但他们的现代追随者清楚地看透了这些，凡是反对这些推论的人都必然面对一个事实，即他或她是不赞成公平对待女性的。

这个新道德对旧道德的问题凸现了一个非常鲜明的议题。如果不再要求未婚女孩的贞洁和妻子的忠贞，那么不可避免地，要么有新的保护家庭的新方法，要么默许家庭的解体。也许可以这样建议：孩子的生育只应在婚内发生，一切婚外性交应该通过避孕措施来避免生育。在这种情况下，做丈夫的也许应该学会对情人宽容，就像东方人对太监那样。这个办法的困难之处在于，它要求我们较之看似理性的东西，应该对避孕法的效力和妻子的忠贞给予更多的信任。然而，这样的困难也许会随时间的推移而减少。另一种与新道德相适应的办法是，使作为重要社会制度的父权逐渐衰弱，由国家取代父亲的职责。还有特殊的情况，一个男人确信自己的父亲身份属实，而且喜爱自己的孩子，在这种情况下，他当然会心甘情愿地对孩子和妻子给予经济上的支持，就像现在的父亲通常会做的那样；但他不会由于法律的缘故而被迫去这样做。的确，所有的孩子都将处于像现在那些不知生父为谁的私生子一样的境地，除非国家认为这是一种正常的情况，能够付出更多来关心孩子的抚养问题。

另一方面，如果要恢复旧道德，有些事情是至关重要的，其中一些已经做了，但是事实表明，仅仅这些是没有用的。第一件要事是，对少女的教育应该是使她们愚昧、迷信而无知，这个要素在教会有所控制的学校已经实现了；第二个要素是，对所有涉及性问题的书籍实行十分严格的审查，这个条件在英国和美国也趋于实现，因为这种审查无须改变法律，且由于警察日益增强的热情而日趋严格起来。不过，这些条件显然不够，因为它们早就存在了。其实只要做一件事就够了，即，使年轻女子不得有任何与男子单独相处的机会：必须严禁少女外出工作谋生；不许她们出门，除非有母亲或姑婶相伴，坚决杜绝那种无女性陪伴而独自出去跳舞的做法。必须规定50岁以下的未婚妇女拥有汽车是违法的。或许明智的做法是，让所有未婚妇女每月接受一次警方医生的医疗检查，凡被发现失身的，一律投入监狱。当然，必须禁止避孕药具的使用，必须裁定，在和未婚女人谈话时，若怀疑《圣经》上永劫不复的教义即属于非法。这些措施若能严格推行100年或更长时间，或许可以遏制不道德行为的此起彼伏。不过，我认为，为了避免某些可能的弊端，有必要将男警察和男医生通通阉割了。鉴于男人固有的堕落性，将这一政策再推进一步或许是明智之举。我倾向于认为，到时道德家们就会得到很好的忠告，去倡导应该将所有的男人阉割，只有修道院的牧师除外。①

可以看出，不论我们走哪条路，总会遇到困难和反对意见。如果我们任由新道德自由发展，那它注定要比已经做的更进一步，并引发迄今几乎未预料到的困难。另一方面，如果我们努力在现代世界中实行那些在过去的年代可行的限制，我们非得有一套严苛至极的规章制度，那时，人类的本性是会对这些规章制度进行反抗的。这一点太清楚不过了，所以，无论遇到什么危险和困难，我们都必须心甘情愿地使世界往前走而不是倒退。出于这个目的，我们需要一种全新的道德。我的意思是，责任和义务还是必须承认的，只是它们可能迥异于过去所认可的责任和义务。只要所有的道德家仍满足于鼓吹退回到一种已经死亡的制度中去，那么在用道德意义解释新的自由方面，或者在指出伴随新的自由而来的新义务方面，他们是不可能有任何作为的。我不认为新的制度应该比旧的制度更多地屈从于冲动的摆布，但是，我认为抑制冲动的场合和这么做的动机，必须与以前不同。实际上，整个性道德问题需要重新思考，把问题想透。以下章节旨在对此项任务有所贡献，不论这贡献是多么的微薄。

---

① 自从读了《孽海痴魂》一书，我开始感到甚至这种例外也许都是不太明智的。

第八章 性知识的禁忌

若欲建立一种新的性道德，我们必须反躬自问的头一个问题，不是应该怎么规定男女之间的性关系，反而是，人为地使男人、女人和孩子保持对有关性的事实无知这种做法是否正确？之所以把这个问题放在第一位，我的理由是，正如我在本章将要说服读者相信的那样，这方面的无知对于个人是格外有害的。因此，任何一个依靠这种无知去维持的制度，都不可能是可取的。我得说，性道德必须使自己能为懂得这个问题的人所接受，它的吸引力不能取决于人们的无知。这是一个更广泛的信条的一部分，这个信条虽然从未被政府或警察所奉行，但本着理性看是毋庸置疑的。这个信条就是，正确的行为绝不可能由无知所引出，也绝不可能被知识所阻碍，只有某些罕见的偶发事件除外。当然，如果甲希望乙以某种符合甲方利益而不符合乙方利益的方式去行动，那么，不让乙了解那些会向乙方表明甲方真实利益所在的事实，这也许对于甲方是有益的。这个做法在证券交易所是可以理解的，但一般被认为这不属于较高尚的道德之列。它涵盖了政府大部分的隐瞒事实的行为，比如，每一个政府都会阻止战争失利消息的透露，因为战争失利的消息一旦为人所知，便可能导致政府的垮台。虽然这通常是符合国民利益的，但是很自然地却不符合政府的利益。对性的事实保持沉默的做法，虽然总的来说属于另一个范畴，但在一个类似的动机上是有其渊源的，至少部分如此。最初只是对女性加以蒙蔽，希望她们的无知有助于维持男性的优势地位。然而，妇女竟然也逐渐默认了这样的观念，认为无知对于德行是必不可少的，并且，部分地由于她们的影响，人们开始认为孩子和年轻人，不论男性或女性，都应该对性的问题尽可能地无知。在这个阶段，已不再是出于优势地位的动机了，而是进入了一个无理性的禁忌的范畴。不妨以下面几段摘自1929年4月25日《曼彻斯特卫报》的原话，作为本问题的文本材料：

> 美国自由主义者对于玛丽·维尔·丹尼特夫人一案的庭审结果感到震惊。昨日，经布鲁克林的一个联邦陪审员裁定，她犯有邮寄淫秽文学作品罪。丹尼特夫人是一本获得高度赞扬且广为流传的小册子的作者，小册子以庄重的语言阐述了孩子应该了解的基本性知

识。她可能会被判处5年监禁或1 000英镑的罚款，或者二者并处。

丹尼特夫人是一位知名的社会工作者，有两个已成年的儿子，最初是为教育两个儿子而于11年前写下这本小册子的。这本小册子的内容最初发表在一本医学杂志上，后来应主编的要求，以小册子的形式重印出版。这本小册子获得了数十位顶尖的医师、牧师、社会学者的首肯，已由基督教青年会和基督教女青年会发行了数千册，本书的内容甚至为布诺克斯维尔的市属学校系统所采用，布诺克斯维尔是纽约市的一个时尚郊区。

来自新英格兰的联邦法官沃伦·巴洛斯主持庭审，他拒绝考虑以上所有事实，拒绝让任何等候作证的杰出教育家和医生出庭，也不允许陪审员听取著名的作家们对丹尼特夫人的作品的赞语。庭审实质上就是向陪审团大声宣读那本小册子。陪审团成员均为布鲁克林区年迈的已婚男子，这些人所以被选为陪审员，是因为他们从未读过门肯或著名英国性学家哈夫洛克·埃里斯的任何作品，这是起诉检察官采用的一个选人标准。

看起来很清楚，纽约《世界报》是正确的。它说，如果丹尼特夫人的著作不被允许发行，那就没有任何希望用坦率、诚实的语言，把性的事实摆在美国的年轻人面前了。此案将提交到更高一级的法院审理，人们正以极大的兴趣翘首等待它的裁决。

碰巧，这件事发生在美国，但它也很有可能发生在英国，因为英国的法律实际上和美国的一样。我们将会看到，法律是不会允许一个向年轻人传播性信息的人把专家们的证据拿出来，证明性知识对于年轻人而言是需要的。我们也将看到，一旦这种起诉往下进行，检察官将会公开坚持陪审团应完全由无知的男子组成，他们没有读过任何能够使他们理性断案的材料。法律生硬地宣布，必须不能让孩子和年轻人知道性的事实，至于知道这些事实对于他们是好是坏的问题，那是完全无关紧要的。尽管如此，由于我们不是在法庭中，由于本书不是为孩子而作，我们也许可以论证一下这样的问题：蒙蔽孩子的传统做法究竟是可取还是不可取。

对孩子的传统教育就是，父母和老师们尽量蒙蔽他们的孩子，使他们对性尽可能的无知。他们从未见过父母的裸体，过了非常早期的阶段之后（如果房子的居住空间足够），他们也见不到异性兄弟或姐妹的裸体。他们被告知不许抚弄或谈论他们的性器官。但凡涉及性的问题，都会听到用震惊的语调说出的"嘘！住口！"大人告诉他们，孩子是鹳鸟叼来的或在醋栗丛下挖出来的。不过或迟或早,他们会从其他孩子的口中得知这些事实,这些事实通常采取多少被歪曲了的形式。那些孩子秘密地讲给他们听,而且由于父母的说教,那些孩子把这类事情看作是"肮脏"的。孩子会推想,父母之间的行为是肮脏的,父母本身对此也是羞于启齿的,因为父母总是费尽心机地遮着掩着。他们还会得知,那些他们原本寻求指导和教育的人,一直在系统性地欺骗他们。他们对父母、对婚姻以及对异性的态度,就这样无可挽回地受到毒害了。凡是受这种传统教育长大的男男女女,很少有人能够对性和婚姻产生庄重的感觉。他们的教育教导他们,欺骗和撒谎被父母和老师认为是美德;性关系多少都是令人厌恶的,婚内性关系亦然。在传宗接代的时候,男人是在屈从于他们的兽性,而女人是在履行她们痛苦的义务。这种态度使得婚姻在男女双方看来都不是令人满意的,得不到满足的本能转变成了戴着道德面具的残暴行为。

关于性知识这个问题,正统的道德家①的观点照我看来,完全可以表述如下。

性冲动是一种十分有力的冲动,在不同的发展阶段呈现出不同的形式。在婴儿期,它采取的形式是触摸和玩弄某些身体部位的欲望;在童年后期,其表现形式是好奇和对"脏"话的

---

① 这包括警察和地方行政官员,但几乎不包括任何现代教育家。

偏爱，而在青春期则呈现为更成熟的形式。毫无疑问，不当的性行为是性的想法造成的，形成良好道德的最佳途径，就是使年轻人的身心充满与性全无关系的事情，因而一定不能向他们讲述任何与性有关的事情。必须尽一切可能阻止他们彼此谈论性，而成年人一定要假装根本没有这样的话题，由此才有可能蒙蔽住一个少女直到新婚之夜。可以预计在那个时候，事实将让她大为震惊，以至于丝毫不差地产生出每一个正统的道德家均认为适合女人的性态度。对于男孩子，事情就要难办些了。因为我们不能指望一直把他们完全蒙蔽到十八九岁之后。对于他们，适当的教育方式是，告诉他们手淫会不可避免地导致精神错乱，而与妓女性交会不可避免地染上性病。这两个说法都是不正确的，但这是善意的谎言，因为它们是为了道德而编造出来的。还应该教育男孩子，任何情形下都不许谈论性的问题，即使在婚后也不应该。这能够提高这样一种可能性：结婚时他能使妻子厌恶性，从而防止她有通奸的危险。婚外的性是罪恶的，婚内的性则不是，因为它是人类传宗接代必不可少的，但它是作为一种对堕落的惩罚而强加在人类身上的一个令人不快的义务，要以病人做手术时忍受痛苦的精神去承受之。不幸的是，除非引起了巨大的痛苦，否则性行为往往是和快乐相联系的，但通过充分的道德教育，这是可以预防的，至少是在女性中。在廉价的出版物上宣称，妻子能够且应该从性交中得到性快乐，这在英国被认为是违法的。我本人就听说过，一本小册子在法庭上基于这个及其他原因而被指控为淫秽作品。法律、教会和针对年轻人的老式教育者对于性的态度，依据的正是上面所讲述的观念。

在探讨性领域中这种态度的影响之前，我想在其他方面谈几句关于其后果的话。在我看来，第一个和最严重的后果，是对年轻人的科学好奇心的阻碍。凡有智力的孩子都希望了解世上的一切事物，他们会提出各种各样的问题，关于火车、汽车和飞机的，关于为什么下雨，关于孩子是怎么来的等等。所有这些好奇心在孩子看来完全是一个层面的，他只是按照巴甫洛夫所称的"它是什么？"反射行事，这种反射是一切科学知识的源泉。当孩子在满足求知欲的过程中，了解到这种欲望在某些方面被认为是邪恶的时候，他对科学好奇心的整个冲动就受到抑制。他一开始并不懂得哪些好奇心应当有，哪些不应当有。如果询问小孩是怎么造出来的是邪恶的，那么询问飞机是怎样制造的也同样是邪恶的了，不过这话他是不大可能讲出来的。无论如何，他肯定会推断出，对科学的好奇心是一种危险的冲动，必须要加以抑制。一个人在寻求了解任何事之前，肯定会焦急地打听这种知识是合乎道德的还是邪恶的。而且，由于对性的好奇一般在消退之前非常强烈，孩子势必得出结论说，他渴望得到的知识是邪恶的，而唯一合乎道德的知识是没人所渴望得到的，比如九九乘法表。求知欲这种原本属于所有健康孩子的自发冲动，就这样被摧毁了，孩子被人为地弄成了白痴。我认为不可否认的是，女人平均而言不如男人笨，我相信这一点主要应归结于这样的事实：女人在年轻时被更有效地抑制了对性知识的追求。

除了这种智力方面的破坏外，大多数情况下还有一种更严重的道德破坏。正如弗洛伊德首先表明的，而且每一个与孩子有亲密接触的人都会很快发现的那样，有关孩子是被鹳鸟叼来的或是从醋栗树丛下挖出来的童话故事通常是没人相信的。孩子因而会推断父母是在欺骗他们。既然父母会在一件事上说谎，他们也可能会在另一件事上说谎。如此一来，父母的道德和智力威信便荡然无存了。此外，既然父母在涉及性的问题上撒谎，孩子就会推断他们自己也可以在此类问题上撒谎。他们彼此谈论这些话题，并且极可能秘密地进行手淫。这样，他们就会养成欺骗和隐瞒的习惯，同时，由于父母亲的恐吓，他们的生活变得满是疑惧。心理分析表明，父母和保姆经常恐吓说手淫会造成恶劣后果，这一点往往会导致神经错乱，不但在儿童期，在成年时也是如此。

对待年轻人的性这件事的传统做法，会使人们变得愚昧、虚伪和胆怯，而且会使为数不少的人患上精神病和类似的疾病。

现在，所有有智力而又必须与年轻人打交道的人，都在一定程度上承认这些事实,然而,这种事实尚不为法律和那些掌管法律的人所知,本章开头引述的那个案子就是明证。因此,目前的情况是,每一个见识广博而又经常与孩子们打交道的人,无可奈何只能二中择一:要么违反法律,要么使他监护下的孩子在道德和智力上遭受无可挽回的伤害。要改变法律是很难的,因为大多数长者已经误入歧途,他们在性方面的快乐取决于这样的信念,即性是邪恶的、淫秽的。恐怕在现在的老年人和中年人死完之前,任何改革都是无法指望的。

到目前为止,我们已经探讨了性范畴之外的传统方式的不良影响,现在是时候讨论这个问题中更明确的性了。道德家的目的之一无疑是防止对性问题的沉迷,这种沉迷目前是格外普遍的。最近,英国伊顿公学的一位前校长宣称,学生们的谈话几乎不是沉闷乏味,就是猥亵淫秽,虽然他遇到的那些学生都是在最传统的环境中长大的。人为地将性弄得神神秘秘,会大大增加年轻人对性问题的好奇。如果成年人对待性问题就像对待其他问题一样,对孩子有问必答,尽量告诉他们所渴望得到或能够理解的知识,孩子决不会产生淫秽的念头,因为这种念头的产生,取决于他们相信某些问题不该提及的缘故。性好奇就像其他类型的好奇一样,一旦得到满足便会消退。因此,防止年轻人沉迷于性,最好的办法是尽量按其要求,告诉他们关于性的一切事情。

我谈论这些，并不是基于演绎论证，而是基于经验。我在我们学校的孩子中间所观察到的情形，在我看来足以证明一个观点的正确性，即孩子的下流行为是成年人假正经的结果。我自己有两个孩子（七岁的男孩和九岁的女孩），我们大人就从未教导他们，关于性或排泄物有什么特别的地方，而且至今尽最大可能使他们远离所有关于体面和不体面观念的知识。他们对孩子是从何而来的表现出了一种自然而健康的兴趣，但不如对发动机和铁路的兴趣那么大。他们也没有表现出详谈此类话题的任何倾向，不管大人在不在场。至于学校里的其他孩子，我们发现，如果他们是在二三岁甚至四岁的时候进入学校的，他们的情况就和我们的孩子一样。然而，大多数孩子是在六七岁的时候入校的，已经受过教导，认为一切与性器官有关的事情都是不正当的。他们惊讶地发现，在校内此类事情可以像任何其他事情一样谈论，一段时间后，他们在自己仍感到不正当的谈话中就有了一种轻松感。但看到大人根本不阻止这类谈话，他们也就渐渐厌倦了它们，而变得近乎和那些从未受到正统教育的孩子一样心无杂念了。现在，当新入校的孩子试图谈起自认为不正当的话题时，他们也就觉得索然无味了。就这样，让新鲜的空气吹拂一下这个问题，它也就被消毒了，它在黑暗中滋生的病菌也会荡然无存。我不相信还可能通过任何其他办法，使一群孩子能够对于被认为是不正当的事情持有如此健康而高尚的态度。

我以为，这个问题有一个方面还没有被那些希望把性与基督教道德家所遮遮掩掩的排泄过程区分开，从而对性进行净化的人所充分认识到。性问题天生地就和排泄过程联系在一起，只要这些过程被认为是令人厌恶的，那么我们自然会在心理上把这种厌恶的一部分与性联系起来。因而在与孩子打交道时，千万不要在排泄过程一事上太有洁癖。当然，某些预防出于卫生的缘故是必要的，但只要孩子能够理解，就应该向他们解释，这些预防措施只是出于卫生的缘故，而不是因为这些自然的功能本身有任何令人厌恶的东西。

本章不是讨论性行为应该是什么样子，而只是讨论我们对性知识的问题应该采取什么样的态度。至于到目前为止所说的关于把性知识传授给年轻人的问题，我希望并且相信，这会得到所有开明的现代教育家的支持的。不过，我现在要讨论一个更有争议的问题，在这个问题上要博得读者的赞同恐怕就更加困难了。这就是所谓淫秽文学的问题。

英国和美国的法律均宣布，凡被认为是淫秽的文学作品，在某些情形下可由当局查禁和销毁，作者和出版商也要受到处罚。在英国，这方面的法律就是1857年的《坎贝尔爵士法案》。该法案规定：

如果根据投诉,有任何理由相信,出于销售或分销的目的,而在任何住所或其他地方存有任何淫秽的图书,而且有证据表明,此类地方的这类图书已经销售或分销一册或多册,那么,法官若根据此类图书的性质和描写,认定它们的出版属于轻罪的不法行为而应当予以起诉,可申请特别搜查令,下令搜查和扣留这些图书,并在传唤该住所的居住者之后,同一名法官和其他法官若认定所扣留的图书具有搜查令上列明的性质,且保存的目的也如前所述,即可下令将该书予以销毁。①

该法案中所说的"淫秽"一词,并没有任何明确的法律定义。在实践中,只要地方法官认定某种出版物是淫秽的,那么该出版物就是法定淫秽的,而且他无须听取专家的任何证词,尽管证词能够证明在这个特殊的情形中,那被认为是淫秽的出版物其实是适合某种有益的目的的。这就是说,任何一个写作小说、社会学论文或提出法律改革建议的人,如果其作品与性问题有关,那么,只要某个无知的老人碰巧觉得它读起来令人

---

① 这方面的出色讨论,请参阅 Desmond Macarthy,'Obscurity and the Law', *Life and Letters*, Mary 1929。

不快，该作品大概就难逃被销毁的命运了。这种法律的后果是格外有害的。众所周知，哈夫洛克·埃利斯的《性心理学》第一卷，就是根据这部法律而遭到谴责的，虽然值得庆幸的是，美国在这件事上的表现比英国开明些。① 我不认为有哪个人能说埃利斯的目的是不道德的，而且，要说这样一部有学识而又严肃的鸿篇巨制，是为那些仅仅追求下流的感官刺激的人而作，看起来也是极不可能的。当然，对待这类问题，而又不讨论那些普通的地方法官不会在妻女面前提及的事情，这是不可能的，但是，禁止这类图书的出版，就意味着不允许严肃的学者们去了解性方面的事实。我从传统的立场猜想，埃利斯的这部著作最令人反感的特征之一，是他对历史案例的收集，这些案例表明，在产生健全的道德和心理方面，既有的做法是多么不成功。这些文献提供的资料可供人们理性地判断既有的性教育方法，该法律却宣布我们不得拥有此类资料，我们在这个问题上的评判，将继续以无知为依据。

《寂寞之井》遭到指控（在英国而非美国），将审查制度的另一个方面凸显出来，即，在小说中，只要涉及同性恋都是非法的。在欧洲大陆各国，学者们可以获得大量有关同性恋的知识，那里的法律不那么蒙昧，但是，这类知识在英国是不允许

---

① 由于第一卷遭到谴责，后面几卷均未在英国出版。

传播的，不论是以学术研究的方式还是以小说虚构的方式。在英国，男性之间的同性恋是不合法的，虽然女性之间的同性恋是例外。提出任何论证去改变这方面的法律，都是十分困难的，因为任何论据都可能被指控为淫秽而成为非法。然而，但凡用心研究过这个问题的人都明白，这种法律是一种野蛮而无知的迷信的结果，我们无法提出任何类型的理性论证为这种迷信辩护。

对乱伦也要做类似的考虑。数年前通过了一项新的法律，规定了某些乱伦罪形式，但是根据坎贝尔法案，提出任何赞成或反对该法的论点，在过去和现在都是违法的，除非此类论点构建得非常抽象、十分小心，以至于失去了所有的力量。

坎贝尔法案还有一个有趣的结果，那就是，许多问题可以用冗长的唯有受过高等教育的人才懂得的技术术语加以讨论，但不得以任何可被普通人懂得的语言提及它们。在采取某些预防措施的情况下，在印刷物上提及"交媾"是允许的，这个规定是最近在《白跑一趟的差事》一案中确定的。有时，不得使用通俗易懂的语言的禁令会产生严重的后果，例如，玛格丽特·桑格夫人有一本关于劳动妇女节育的小册子（指我国最早期的一本性教育专著《家庭性教育实施法》——译注），只是由于劳动妇女能够看懂而被宣布为淫秽作品。另一方面，玛丽·斯特普博士的著作却不属于违法，因为书中的文字只有受过一定教育的人才能看懂。其结果是，向富人宣传节育是允许的，而向工人和他们的妻子宣传节育则是犯法的。我提出这个事实是要引起美国优生学会的关注,他们长期以来总是哀叹于工薪阶层的生育比中产阶级快,同时却又小心翼翼地抑制任何去改变造成这个事实的法律的企图。

许多人都会赞同,针对淫秽出版物的法律所导致的结果是令人遗憾的,但他们还是会认为这样的法律是必要的。我本人是不相信有可能制定一部不会造成这种不良后果的反淫秽法的,而且考虑到这一事实,我个人赞成对这种问题不应订立任何法律。这个论题的论据有两个:一方面,没有哪部法律能够做到在禁止恶的同时不禁止善;另一方面,如果性教育是理性的,就算是货真价实的淫秽出版物,也造成不了什么伤害。

就这些论题的第一个而言,它已经为英国《坎贝尔爵士法案》的产生史所充分证明。任何一个人只要阅读过关于《坎贝尔爵士法案》的辩论记录,都可以发现,该法是专为查禁色情文学而制定的,人们当时认为,这样拟定出来的法律是无法用来反对其他形式的文学的。然而,这种信念的产生,源于对警察的聪明和地方法官的愚蠢认识不足所致。关于整个审查制度问题,莫里斯·恩斯特和威廉·西格尔合著的一本书中作了令人信服的讨论。[1] 他们讨论了英美两国的经历,并简要讨论了其

---

[1] 《面向纯洁》,维京出版社,1928年。

他地方的情形。经验表明,尤其是在英国对戏剧的审查方面,旨在挑起人们情欲的轻佻戏剧容易通过审查,因为审查员不希望被人视为一本正经的人,而提出重大问题的严肃戏剧,譬如《瓦伦太太的职业》,则需要花很多年才能通过审查。像《陈姬》那样极富诗意价值的戏剧,尽管其中没有一句台词可以挑起甚至像圣安东尼那种人的性欲,却用了100年才克服了它在张伯伦爵士那宽广的胸襟中所引起的厌恶感。因此,我们自己就可以根据大量的历史证据得出一个结论,那就是,审查制度会被用来反对具有严肃的艺术或科学价值的作品,而那些纯粹以色情为目的的人,却总是能够想方设法逃脱法网。

然而,还有一个反对审查制度的理由,那就是,甚至于露骨的色情文学,即使它是公开的和不知廉耻的,但比起通过神神秘秘和偷偷摸摸来引起人好奇的色情文学,其造成的危害也要少些。尽管有反淫秽法,但几乎每一个有钱人在青少年时都看过色情照片,并以能够拥有这些照片为荣,因为这些照片是很难弄到的。具有传统观念的人认为,这类东西对他人格外有害,尽管他们当中几乎没有一个人会承认那些东西对他本人也有害。毫无疑问,它们会挑起短暂的性欲,但在任何一个性功能健全的男性中,这样的感觉无论如何都会产生,只是方式不同而已。一个男人能够历经性欲的次数,取决于他本人的身体状况,而在他内心引起这种感觉的时机,则取决于他所习惯的社会习俗是怎样的。对于维多利亚时代初期的男人来说,女人的脚踝就足以刺激他的欲望了,而对于现代人而言,臀部以下的任何部分都不会使他们动情。这只是一个服饰习俗的问题。如果裸体成为一种时尚,那裸体就不会激起我们的性欲,而且女人将不得不用衣物作为一种使她们具有性吸引力的手段,就像某些野蛮部落中的女人所做的那样。完全类似的探讨也适用于文学和绘画:在维多利亚时代具有刺激性的东西,更开放时代的男人会无动于衷。假装正经的人越是限制可允许的性吸引程度,产生这种吸引力所需要的力量就越小。淫秽文学所以吸引人,十分之九源于道德家向年轻人灌输的那种对性的猥亵感;剩下的十分之一是由于生理的需要,不论法律怎样规定,总会以这种或那种方式表现出来。基于这些原因,虽然恐怕很少有人会同意我的观点,但我坚定地认为,在淫秽出版物的问题上,不应该出台任何相关法律。

裸体禁忌是人们对性问题持有适当态度的一个障碍。就年幼的孩子而言,这一点已经获得了很多人的认可。只要自然而然发生的,孩子看到彼此和父母的裸体是有益的。有一个短暂的时期,即大概在三岁左右,孩子会对父亲和母亲的差异感兴趣,并将这些不同跟他自己和姊妹之间的差异作比较,但这段时期很快就会过去。此后,他对裸体的兴趣不会比对衣服的兴趣更高。如果父母不愿意被孩子看见他们的裸体,那么孩子必然会产生一种神秘感,而一旦有了这种感觉之后,他们将来会成为好色之徒。只有一个办法避免邪念,那就是避免神秘。

关于身心健康,还有许多重要的理由支持在适当的情况下保持裸体,比如阳光明媚时的户外活动,太阳光对于裸露的皮肤具有极好的健康功效。此外,任何观察过不穿衣服的孩子在户外奔跑玩耍的人,一定会被这样的事实所震惊:与穿衣服时相比,他们对自己有自我克制得多,而且移动更自由,姿态更优美。对于成年人,情况也是如此。适合裸体的正当场所,是有阳光和水流的户外。如果我们的习俗容许这样,那么裸体很快就不再会有性的吸引力了,我们应该全都能控制得更好。由于皮肤跟阳光和空气接触,我们应该会更健康,我们关于美的标准将与健康标准更接近一致。因为这些标准针对的是身体和体态,而不仅仅是人的脸。在这个方面,古希腊人的做法是值得提倡的。

第九章　爱在人生中的位置

对于爱，大多数社会所盛行的态度，很奇怪地一分为二：一方面，爱是诗歌、小说、戏剧的主题；另一方面，它完全被大多数严肃的社会学家所忽视，而且不被认为是经济或政治改革计划中一件迫切需要的事情。我不认为这种态度是正当合理的。我把爱视为人类生活中最重要的事物之一，而且我把任何不必要的干涉爱的自由发展的制度，都看作是坏的制度。

爱，如果该词正确使用的话，并不是指两性间的一切关系，而是一种涉及微妙情感的关系，一种既是心理又是生理的关系。爱可以达到任何的强烈程度，诸如《特里斯坦与伊索尔德》（理查德·瓦格纳的一部歌剧——译注）中所表现的情感，是与无数男女的经验相一致的。表达爱情的艺术能力是罕见的，但这种情感本身，至少在欧洲，却并非如此。这种情感在某些社会要比另一些社会普遍得多，这种情况我认为取决于人们的风俗和制度，而不是人的本性。在中国，爱的情感就很罕见，而且在中国历史上表现为那些被邪恶的妃子所误导的昏君的一个特点：中国的传统文化反对所有强烈的情感，认为一个人应该在任何情况下保持理智。这一点类似于欧洲十八世纪初期的情形。由于以前有过浪漫主义运动、法国大革命和第一次世界大战，我们意识到人类生活中的理性部分，并不像英国安妮女王统治时期人们所希望的那样占主导地位，而且，从精神分析学说的建立过程可以看出，理性本身是靠不住的。在现代生活中，理性之外的三大活动是宗教、战争和爱；它们都是理性之外的，但是爱并不是反理性的，也就是说，一个有理智的人能够理性地享受爱的存在。由于我们在前几章中探讨过的原因，现代世界存在着宗教和爱之间的某种敌对情况。我不认为这种敌对是不可避免的，这种情况的产生只是由于这样的事实：与其他某些宗教不同，基督教是扎根于禁欲主义的。

然而，在现代世界，爱还有一个比宗教更危险的敌人，那就是对事业和经济成功的宣讲。人们普遍认为，尤其是在美国，一个人不应该允许爱情去妨碍他的事业，如果他允许这么做，那就太傻了。但是，在这个问题上和在人类其他一切事情上一样，平衡是必要的。为了爱情而完全牺牲事业是愚蠢的，虽然在某些情况下不失为悲壮之举；为了事业而完全牺牲爱情同样是愚蠢的，而且丝毫称不上壮举。尽管如此，在一个以争利为基础而组织的社会里,这种事经常发生,而且是不可避免的。以当今一个典型商人的生活(尤其是美国)为例:从他长大成人之日起,他就把所有的心思和精力通通放在财务成功上,其他的一切不过是无关紧要的消遣罢了。年轻时,他时不时地嫖娼,来满足他的肉体需要,后来他结婚了,但是他的兴趣和妻子的完全不同,他从未真正和她亲密无间过。他每天早起晚归地打拼:早上在妻子醒来前就起床去上班,晚上很晚才疲惫不堪地从办公室回到家。星期天他要去打一天高尔夫球,因为运动可以使他保持身体健康,只有身体健康才能好好地赚钱。他妻子的兴趣在他看来基本上是女人所特有的,他虽然赞成却绝没有兴趣去与她一块儿分享。与在婚内的爱一样,他也没有时间去搞婚外情,不过当然了,他外出公干的时候,也许偶尔会逛逛妓院。他的妻子大概在性方面一直对他很冷淡,这不足为怪,因为他从来就没有时间跟她调情。就下意识而言他是不满的,但他不知道原因究竟是什么。他排解不满的方式主要是工作,但也有其他不怎么合意的方式,比如,通过观看拳击赛或惩治激进分子获得一种变态的安慰。他妻子同样感到不满,于是在二流的文学中找出路,还折磨那些慷慨和自由的人,借以维持自己的德操。这样,夫妻双方在性生活上的不满,就以这种方式转变为对道貌岸然的人类的憎恶。这种不幸的情形,很大程度上要归结于我们对性的需要的错误观念。圣保罗认为,结婚中唯一需要的是性交的机会,这个观点总体上一直为基督教道德家们的学说所鼓励。他们对性的厌恶致使他们对性生活中一切美好的方面视而不见,结果,那些年轻时饱受其学说之苦的人,看不到自己最美好的潜力而糊涂一世。爱的内涵远比性交的欲望多得多,爱是摆脱孤独的主要方式,而大部分男女在一生的大部分时间里都会感受到孤独。在大多数人的心中,对于冷漠的世界和人类可能的残暴都有一种根深蒂固的恐惧,有一种对爱的渴望,这种渴望常常被男人的粗野、鲁莽或某种霸道方式以及妇女的唠叨和责骂所掩盖。相互间持续而充满激情的爱能够消除这种感觉,爱可以打破自我意识的坚冰,产生一种合二为一的新的存在。大自然并未造出可以独处的人,因为人类若非彼此相助,便无法实现大自然的生理目的,文明人若没有爱便无法充分满足他们的性本能。除非一个人的整个存在,包括肉体的和精神的,均进入这种关系,否则这种本能便无法完全得到满足。那些从未领略过幸福相爱之人的亲密关系和相濡以沫的人,丧失了生命所给予我们的最美好的东西,他们即便不是有意识地也是无意识地感受到这一点,由此而来的失望使他们变得妒忌、压抑与残忍。因此,给予充满激情的爱以应有的位置,应该成为社会学家关心的一件大事,因为,如果男人和女人错失了这种体验,他们便无法达到他们完满的境界,便不能从世界其余的人那里感受到那种浓浓的温情,若没有这种温情，他们的社会活动板上钉钉是有害的。

大多数的男人和女人，若条件适当，便会在他们生命的某个时期，感受到充满激情的爱。然而，对于没有这种体验的人来说，把充满激情的爱和单纯的吸引区分开是非常困难的。在单纯的环境中长大的少女尤其如此，她们接受的教育是，切不可和男人接吻，除非爱那个男人。如果人们都认为女人在结婚前应该是处女，那么这样的少女便会常常被一时的和浅薄的性吸引力所迷惑，而有性经验的女人能够轻易地把这种诱惑和爱区分开。这无疑是造成不幸婚姻的一个常见原因。即使双方彼此相爱，他们的爱也可能被一方或另一方关于爱是罪恶的信念所破坏。当然，这种信念可能是有充分根据的。譬如，查尔斯·巴涅尔（19世纪后期爱尔兰民族主义领袖，自治运动领导人，英国国会议员——译注）毫无疑问是犯有通奸罪的，因为他由于这个原因而使爱尔兰人的希望的实现耽搁了很多年。即使这种罪孽感没有根据，它一样破坏爱。若要爱带来它所能带来的一切善，爱就必须是自由的、热烈的、无拘无束的和全心全意的。

传统教育在爱上甚至于在婚内之爱上所附加的罪孽感，经常存在于人的下意识中，男人身上有，女人身上也有，不但坚持传统的人身上有，就连思想解放的人身上也有。这种态度的影响是多种多样的。它经常使男人在做爱时变得残忍、愚蠢、没有同情心，因为他们既不说些能够确定女人感觉的话，也不懂得如何对待女人才能逐渐进入到那个激发大多数女人的快感所必要的最后一幕。事实上，他们常常意识不到女人是应该体验快感的，而如果她体验不到快感，那完全是男人的错。在受过传统教育的女人身上，常常有某种对冷漠的骄傲、对肉体的极大自我克制、对于男人随意亲近她的身体的厌恶。一个有技巧的求爱者大概能够克服女人的这种羞怯，但一个尊重并欣赏这类羞怯、把它们视为贞洁女人之标志的男人，就不大可能成功了，其结果是，一对夫妻甚至结婚多年，他们的关系仍然是拘谨和刻板的。在我们祖辈的时代，丈夫从不要求去看妻子的裸体，对于这样的要求，妻子是会大为惊恐的。这种态度至今仍比我们所认为的更普遍，就算是在那些开明到超越了这一点的人当中，旧有的许多约束仍然经常存在。

现代世界还有一个更具心理性质的障碍阻碍着爱的充分发展，那就是许多人对于不能保持他们个体完整性的担心。这是一种愚蠢的、现代所独有的恐惧心理。个体就其本身而言不是目的，个体必须与世界进行有成果的接触，而要这么做，就必须放弃其分离性。保存在玻璃箱中的个体一定会萎靡不振，而能够在与人的交往中自由发展的个体才能变得充实。爱、孩子与工作是增进个人与世界接触的巨大源泉。这三者当中，爱在时间序列上居首位。此外，爱对于父母爱子之心的健康发展是必不可少的，因为孩子习惯于模仿父母双方的特点，如果父母不能相爱，当这些特点在孩子身上体现出来的时候，那么，一方就只会欣赏他那方的特点，而对体现出的另一方的特点感到苦恼。工作绝不总是能够给人带来与外界富有成效的接触，要做到这一点，完全取决于我们工作时的精神面貌。纯粹以金钱为动机的工作，不会有这种价值，有这种价值的，只能是那种能够体现出某种爱的工作，这种爱，不论是对人的、对物的或仅仅是对某个愿景的。只是为了占有的爱，其本身是没有价值的；若如此，则这种爱就和那种纯粹为了金钱的工作处在同一个层次。为了获得我们刚才所说的那种价值，爱就必须能感觉到被爱者的自我和他本人的自我一样重要，必须意识到另一方的感觉和愿望就好像他本人的一样。也就是说，自我感觉必须有一个本能的而不仅仅是有意识的延伸，从而把对方也包括在内。但是我们这个好斗的、竞争性的社会，以及部分因基督新教、部分因浪漫主义运动而产生的愚蠢的个人崇拜，使这一切变得难以实现了。

在思想解放的现代人中，我们所讨论的那种真正意义上的爱正面临一种新的危险。当人们对于任意场合的性交，哪怕是微不足道的冲动都会做出的性交，不再感到有任何的道德障碍时，他们便会养成一种把性和真挚的情感、把性和爱的情感割裂开来的习惯，他们甚至可能开始把性和憎恨的感觉联系在一起。在这方面，英国著名作家的小说提供了最佳的例证。他笔下的人物，就像圣保罗那样，把性交看作是一种单纯的心理发泄，那些能够与性交相关联的更高价值，看起来是不为他们所知的。从这样一种态度到禁欲主义的恢复只有一步之隔。爱有它自己适当的理想和它自身内在的道德标准，这些理想和标准，在基督教的说教下，在相当多的年轻一代人中间所涌现的针对一切性道德进行不分青红皂白的反抗中，变得晦暗不明了。没有爱的性交是不能给本能带来任何充分的满足的。我并不是说，这种性交绝不应该发生，因为要确保这一点，我们就必须树起一道道如此严厉的障碍，以致爱也很难发生了。我要说的是，没有爱的性交没什么价值，而应该主要把它视为以爱为目的的实验。

认为爱在人类生活中应该有一个公认的位置的要求，在我们看起来是非常重要的。但爱是一种极难约束的力量，倘若放任自流，它是不会老老实实地待在法律和习俗所规定的范围之内的。只要不涉及孩子，这也许不是个大问题。但一旦涉及孩子，情况就不同了，爱不再是自主的，而是要为人种的生物目的服务。必须有一套与孩子有关的社会道德，一旦发生冲突，这种道德便可克服对热烈的爱的要求。然而，明智的道德能够使这种冲突降至最低限度，这不单是因为爱本身是美好的，而且爱对于其父母彼此相爱的孩子而言也是有益的。确保少干涉爱，从而与孩子的利益相一致，这应该是一种明智的性道德的主要目的之一。然而，这个问题要等到我们研究过家庭问题之后才能加以讨论。

第十章　婚　姻

在本章，我打算讨论不涉及孩子而只作为男女间关系的婚姻。当然，从婚姻是一种法律制度这一事实看，婚姻有别于其他的性关系。婚姻在大多数社会中也是一种宗教制度，但是它的法律方面才是最重要的。这种法律制度只不过把一种不但存在于原始人中间，而且也存在于猿猴和其他动物中间的惯例体现出来罢了。只要是在养育幼崽时必须有雄性的合作，动物也实行实质上是婚姻的做法。一般说来，动物的婚姻是一夫一妻制的，而且根据某些权威的说法，在类人猿中情形尤其如此。如果这些权威的说法可信的话，那么，看起来这些幸运的动物没有面临那些困扰人类社会的问题，因为雄性动物一旦结婚，就不再被其他雌性所诱惑，而雌性动物一旦结婚，也不再对其他雄性有吸引力。因而，在类人猿中间，尽管它们没有宗教的帮助，但却不知道何谓罪孽，因为本能就足以产生道德了。有证据表明，在最低级的野蛮人当中存在类似的情形。非洲南部的布须曼人据说就通行一夫一妻制，而且据我了解，塔斯马尼亚人（现已绝迹）对他们的妻子是矢志不渝的。甚至在开化的人们当中，有时候仍可依稀觉察到一夫一妻制本能的痕迹。令人奇怪的是，考虑到习惯对人的行为的影响，一夫一妻对本能的约束并不比现今更强。然而，这是人类心智特性的一个例子，人的罪恶与智力，即打破旧习惯、创造出新行为模式的想象力，便是从这种心智特性产生的。

首先，打破原始的一夫一妻制的，看起来很可能是经济动机的侵扰。这种动机，只要它对性行为有影响，就常常是有害的，因为它会用奴隶关系或买卖关系取代基于本能的关系。在早期的农业和畜牧业社会中，妻子和子女在男人看来都是一种经济资产。妻子要为他干活，孩子在五六岁以后，也要开始在田间或畜牧场帮忙了。所以，极有势力的男人总是以拥有尽可能多的妻子为目的。一夫多妻制很少能够成为一个社会的通行做法，因为女性的数量总是有限的，一夫多妻只不过是首领和有钱人的特权。众多妻子儿女构成了一项有价值的资产，并使那些占有者原有的特权地位因此而提高。于是，妻子的主要职能逐渐变成了赚钱的家畜的职能，她在性方面的职能则退居其次。在文明的这个阶段，男人休妻通常是很容易的，尽管他在这种情况下必须把妻子带来的任何嫁妆偿还给她的娘家。然而，妻子要休掉丈夫，一般而言是不可能的。

大多数半开化的社会对通奸的态度就是随此观念而来的。在非常低级的文明阶段，通奸有时候是默许的。据说，萨摩亚人在外出远行时，十分希望他们的妻子在此期间去寻找安慰自己的办法。① 然而，在稍微高级一点的文明阶段，妇女通奸将被处以死刑，至少也要受到极严厉的惩罚。芒戈·帕克关于蛮波赞波的描写，在我小时候还是很出名的，但是，近些年来我痛苦地发现，有教养的美国人竟然把蛮波赞波说成是刚果的一尊神。事实上，他既不是神，与刚果也没有关系。他不过是上尼日尔地区的人们为恫吓犯有罪孽的妇女而杜撰的一个恶魔罢了。帕克的描写总是让人联想到伏尔泰关于宗教起源的一个观点，所以它常常受到现代人类学家小心翼翼的压制，他们容忍不了有人往野蛮人的活动中渗入合理的下流举动。一个男人与他人的妻子性交当然是有罪的，但是一个男人与一个未婚女人性交却不会招致任何责难，除非他降低了该女子在婚姻市场上的价值。

随着基督教的出现，这种观念改变了。婚姻中的宗教成分大为增强，违反婚姻法的行为开始以禁忌而非财产的理由受到指责。当然，和另一个男人的妻子性交，仍旧是对那个男人的侵犯，但是，婚姻以外的任何性交都是对上帝的冒犯，而这在

---

① 玛格丽特·米德，《萨摩亚人的成年》，1928 年，第 104 页。

教会的视角来看，是一件严重得多的事。同样理由，以前的男人离婚很容易，现在却被宣布不许离婚。婚姻变成了一件圣礼，因而是"终身"大事。

这对于人类的幸福是得还是失呢？很难说。在农民当中，已婚妇女的生活始终是很苦的，总体而言，已婚妇女的生活在最不开化的农民中间是最苦的。在最野蛮的民族中，妇女到25岁就人老珠黄了，在这个年龄是不能指望保留任何姿色的。把妇女当作家畜的观点，毫无疑问是男人喜闻乐见的，但是对女人来说，则意味着劳作和艰苦的生活。基督教虽然在有些方面使妇女的地位更低下，尤其是在富裕的阶层中，但它至少承认了女人和男人在神学上的平等，并拒绝把妇女绝对地视为丈夫的财产。当然，已婚妇女没有权利离开丈夫另嫁他人，但是她可以离开丈夫去过一种宗教生活。总体上，站在基督教的立场较之站在前基督教的立场看，妇女更容易提高其在大多数人口当中的地位。

当我们环顾当今世界，并反躬自问，哪些条件看起来总体上能够导致婚姻的幸福、哪些条件会造成婚姻的不幸之时，我们必然会得出一个有点奇怪的结论：人类越文明，似乎越不能获得与一个伴侣厮守终身的幸福。爱尔兰农民尽管直到近期其婚姻仍由父母决定，但是，据那些应该了解他们的人说，他们的婚姻生活总体上是幸福的、纯洁的。一般而言，婚姻在差异最少的人们中间是最容易的。假如男人和男人之间相差无几，女人和女人之间也区别很小，那就没有任何特别的理由去为没有和另一个人结婚而遗憾了。但是，如果人们的嗜好、追求与兴趣五花八门，他们就会倾向于要求自己的伴侣志趣相投，而当他们发现所得到的比本来可以得到的更少时，他们就会感觉不满足。往往只从性的视角看待婚姻的教会，伴侣的一方看不到有任何理由认为为什么不应完全像另一方那样做，因此总是主张婚姻的永久性，而没意识到其中常常所包含的痛苦。

　　造就婚姻幸福的另一个条件，是无主女人的缺乏以及男人缺少与其他女人社交的机会。如果一个男人除了自己的妻子外，再没有与其他女人性交的可能，那么大多数男人都将安于现状，而且除了异常糟糕的情况，他们会觉得这还是完全可以容忍的。对于妻子也是如此，尤其是假如她们从不幻想着婚姻应该带来很多幸福的话。也就是说，一个婚姻，倘若双方均不奢望从婚姻中获得很多幸福，可能就称得上是幸福的。

　　基于同样的理由，社会习俗的稳定往往也可以防止所谓不幸福的婚姻。假如婚约被公认为是最终的和不可改变的，那就没有什么能刺激人们去胡思乱想，以致认为更迷人的婚姻是可能得到的。为了保证家庭和睦，凡是在有这种思维的地方，只要丈夫或妻子的行为不要太出格，与大家公认的高尚行为标准相差不远就足够了，不论这种标准可能是什么。

　　在现代世界的文明人当中，这些能造就所谓幸福婚姻的条件是不存在的，因此人们可以发现，在最初的几年之后，没有多少婚姻是幸福的。造成不幸福的原因，有些是与文明密切相关的，但其他的原因，如果男人和女人都能比现在更文明的话，就会消除。

我们先讨论后者。在这些原因中，最重要的是糟糕的性教育，这种情况在有钱人当中要比在农民中间普遍得多。农家子女很早就对所谓的生活事实习以为常了，这些事实，他们不仅在人类中而且在动物中也可观察到。因此，他们既不一无所知，也不过分讲究。反之，那些精心培养出来的富家子弟，完全不知道所有实际的性知识，就算最现代化的父母，虽然也教子女书本以外的知识，但不会让孩子见识那种农家子女很早就熟知的实际的亲昵行为。基督教说教的一大成功就是：当一个男人和一个女人结婚时，没有一方以前有过性的经验。结果，这种婚姻十有八九是不幸福的。人类的性行为并不是出自本能，所以，没有经验的新娘和新郎大概对这个事实一无所知，以致感到不胜羞怯和不快。如果只是女人天真无瑕，而男人已经从妓女那里得到了性知识，情况也好不到哪儿去。大多数男人没有意识到，求爱过程在婚后仍是必要的，而许多大家闺秀也没意识到，婚后依然矜持，在身体接触方面一副拒人千里之外的架势，这会对婚姻造成多么大的伤害。这一切都可以通过良好的性教育解决。事实上，现在年轻一代所受的性教育，要比他们的父辈和祖辈好多了。在妇女中间，过去经常有一种广泛流传的信念：女人在道德上优于男人，原因是女人得到的性愉悦较少。这种态度使得夫妻之间无法形成坦诚的伴侣关系。当然，这种态度本身就不能认为是合理的，因为不能享受性愉悦，若抛开道德不谈，只不过是一种生理的或心理的缺陷，就像不能享受美味一样，在一百年以前人们也对漂亮的女性寄予这种期望。

然而，造成婚姻不幸福的其他现代原因，就不这么容易消除了。我认为，放荡不羁的文明人，无论男女，就其本能而言通常是主张多配偶的。他们可能深陷情网，若干年里只钟情于一个人，但是对性的熟悉迟早会使其激情的锋芒变钝，其后，他们便开始另寻他爱，以找回过去的快感。当然，出于道德考虑，控制这种冲动是可能的，但要完全阻止这种冲动是十分困难的。随着女性自由的增加，私通的机会要比以前大得多。机会引发遐思，遐思产生欲望，若无宗教顾虑，欲望便会导致行动了。

妇女解放以各种各样的方式使婚姻变得更加困难。以前，妻子必须顺从丈夫，丈夫却不必顺从妻子。如今，有许多的妻子以妇女有权拥有自己的人格与事业为由，不愿意过分地顺从她们的丈夫；而仍然热望男性统治旧传统的男人，却看不到自己应当顺从妻子的任何理由。这种矛盾在有外遇发生时尤其容易爆发。从前，丈夫偶有出轨行为，他的妻子通常是不知道的，如果妻子知道了，那么丈夫就承认自己错了，并使她相信他会改过自新。另一方面，女人通常都是贞洁的。如果她有不忠行为，且这个事实被丈夫知道了，婚姻就会破裂。即使不要求双方彼此间的忠诚，正如现代的许多婚姻所表明的，妒忌的本能始终是存在的，而且事实证明，这种本能对于任何有深厚根基的亲密关系的持续常常是致命的，哪怕夫妻间从未大吵大闹过。

关于现代婚姻，还存在着另外一个困难，最能意识到爱情价值的人对此感受尤深。仅当爱是自由的和自主的，它才能茁壮成长，如果认为爱是一种义务，它往往会被扼杀掉。假如有人说爱某某人是你的责任，这肯定会使你恨他或她。婚姻作为爱情与法律约束相结合的产物，就这样两头都会落空。雪莱说：

> 我从未隶属于那著名的宗派，
> 它的教义是每一个人只应该
> 从人群中挑选出一男或一女，
> 余者不论多么聪明多么优秀，
> 都应冷漠以对，将他们忘却。
> 但这就是现代的道德的律条，
> 但这就是那些可怜的奴隶们
> 用疲惫的脚步踩踏出的道路。
> 他们向着坟墓似的家里进发，
> 这家就位于世界的大道之旁，

还带着一个锁链加身的朋友，
或许是个满含妒忌心的敌人，
从此踏上凄凉而漫长的旅途。

　　毋庸置疑，如果认为有了婚姻就不能从别处得到爱的亲近，就意味着减少感受性、同情心以及有价值的人性接触的机会，就意味着摧残某种从最理想的立场看人自身什么是值得拥有的东西的机会。而且，就像每一种约束性的道德那样，这往往会助长一种警察式的人生观，也就是说，总是找机会禁止点什么的观念。

　　由于所有这些原因，其中许多与无疑是美好的事物有密切关系的，婚姻变成了一件困难的事情，若不想使它成为幸福的障碍，就必须对它用稍微新颖点的方式思考。有一个解决办法经常被人提到，而且实际上也在美国被广泛采用，那就是容易实现的离婚。当然，我主张，正如每一位人道之士必然主张的那样，只要所提出的理由比英国法律所允许的更多，就应该批准离婚，但我不认可容易实现的离婚是解决婚姻困境的办法。若一对夫妇未生育子女，离婚可能往往是正确的选择，即使双方一直规规矩矩，品行端庄。但是，如果有了孩子，婚姻的稳定在我看来就是一件相当重要的事情（这个问题我将在讨论家庭时再行论述）。我认为，如果婚姻已经有了结晶，而且双方对待婚姻是理性的和庄重的，那么就应该期望婚姻是终身的，而不应该希望婚姻将排斥其他的性关系。如果一个婚姻始于热恋，并育有双方想要并喜爱的孩子，则这个婚姻就应该使夫妻之间产生深厚的感情，使他们感到夫妻生活中有某种无比珍贵的东西，即使在性的激情减退以后，即使一方或双方对其他某个人感觉到了性的激情，也是如此。婚姻的这种甘醇被妒忌所阻碍，但是妒忌，虽然它是一种本能的情感，就算它被认可为是恶的，且不被认为是正当的道德上的愤怒的表达，也是可以控制的。一个持续多年、有过许多深切经历的伴侣生活是拥有在恋爱初期不可能具有的丰富内容的，不论初恋的日子有多么欢快。任何一个人，只要懂得时间能够怎样增进价值，都不会为了新欢而轻易抛弃这样的伴侣生活。

　　因此，对于有文化的男人和女人来说，获得婚姻的幸福是可能的，尽管这必须满足许多条件才行。那就是，必须有一种男女双方完全平等的感觉；彼此不得干涉对方的自由；必须有身体和心理上的亲密无间；必须在价值观方面有某种相似之处（例如，如果一方只重视金钱，而另一方则只注重出色的工作，那就是毁灭性的）。有了这些条件，我相信婚姻将是能够存在于两个人之间的最美好、最重要的关系。如果人们至今没有认识到这一点，那主要是由于夫妻双方都把自己看作是对方的警察的缘故。要想使婚姻尽可能完美，丈夫和妻子都必须学会懂得，不管法律怎样规定，他们在自己的私生活中必须是自由的。

第十一章 卖 淫

只要体面妇女的德行被视为一件极其重要的事情，婚姻制度就必须辅之以另一种也许真正应该被视为其组成部分的制度——我说的是卖淫制度。莱基有一段著名的话是大家耳熟能详的，他在其中把娼妓说成是家庭之神圣和妻女之清白的保障。其中的情操是维多利亚时代式的，表达方式是旧式的，但其事实是不容否认的。道德家们都声讨莱基，因为他的言论使他们感到愤怒，而他们又完全说不出所以然来，但他们并未成功地证明莱基所说与事实不符。道德家们宣称，当然是相当真切地宣称，如果男人都遵从他们的教导，世上就不会有任何娼妓了，但他们心知肚明人们不会听从他们的话。因此，对于假如人们听从他们的话之后的结果进行探讨，是无关紧要的。

对卖淫的需要源于这样的事实，即，有许多的男人要么未婚要么远离妻子，他们不满足于克制自己的欲望，而在一个传统上讲究德行的社会里,他们又找不到称心如意的体面女人。于是,社会特地分出某个类型的妇女,来满足那些男人的需要,对此,社会虽耻于承认,却又不敢让这种需要得不到满足。娼妓具有有利的方面,不但可以招之即来,而且由于在这个职业之外别无其他生活,她们可以毫不困难地加以掩饰,这样,那些嫖过妓的男人仍可以不失尊严地回到妻子身边、回到家里、回去做礼拜。然而这些妓女,这些可怜的女人,虽然她们毫无疑问地作出了贡献,虽然她们保卫了妻子们和女儿们的贞洁以及教会委员表面的德行,却普遍遭到世人的鄙视,被认为是社会的渣滓,而且不允许和普通人来往,除非是在卖淫。这种显著不公正的现象,始于基督教的胜利,并从此一直延续下来。娼妓真正的罪过在于,她们暴露了道德家职业的空洞和虚伪。所以,就像意识层面那些被弗洛伊德的审查员所压制的想法那样,娼妓必须被放逐到无意识中去。然而,从那里,她们也会像这类被逐者将做的那样,作出无意识的报复。

> 但是从午夜的街头我听到
> 年轻妓女的诅咒声如何
> 使新生婴孩的啼哭戛然而止
> 使结婚的彩车灾祸降临

卖淫并非历来都是遭人蔑视和见不得人的事情。其实，妓女的起源再崇高不过了。起初，妓女是用来献身于神或女神的女祭司，她们以服务于过往路人作为一种礼拜仪式。那时，她们是受人尊敬的，男人在利用她们的时候是敬重她们的。基督教的教父们用连篇累牍的痛斥反对这一制度，他们说，这种制度起源于撒旦的诡计，显示了这种异教仪式的荒淫。于是，她们的寺庙被关闭，卖淫就在以前许多已经变了味的地方，变成了一种营利性质的商业化制度，当然，这种制度不是为娼妓谋利，而是为奴役她们的主人谋利，因为现如今的娼妓个体户，那时还是一种罕见的例外情况，她们绝大多数是在妓院、浴室或其他不名誉的地方。在印度，从宗教娼妓到商业娼妓的过渡至今尚未完成。《印度之母》一书（后拍摄为同名电影——译注）的作者凯瑟琳·梅奥，就把宗教娼妓的存在引证为她控诉该国的理由之一。

除南非之外①，卖淫制度看起来处在衰退之中，部分原因是可供妇女谋生的其他方式比过去更多，部分原因是现在有比过去多得多的妇女，出于自愿的而非商业的动机，愿意和男人发生婚外关系。尽管如此，我不认为卖淫现象可以完全消灭。譬如，以经过远航之后登岸时的水手为例，不能期望他们有足够

---

① 参阅阿尔伯特·郎德，《通往布宜诺斯艾利斯之路》，1929 年。

的耐性,去向那些只是出于爱情才亲近他们的妇女求爱。再以相当多的处于婚姻不幸而又惧内的男人为例。这样的男人在离家外出时,就会去寻找乐子与放松,并且是以尽可能没有心理负担的形式寻求之。尽管如此,却存在着重要的理由要求把卖淫现象降至最少。对于卖淫,有三个重要的反对理由:首先,对社会公共卫生的威胁;其次,对妇女的心理伤害;再次,对男人的心理伤害。

对健康的威胁是这三个理由中最重要的。当然,性病的传播主要是通过娼妓进行的。通过娼妓登记和政府检验来解决这个问题的企图,从纯粹的医学观点看,从未发现有很好的成效,而且易于产生令人不快的弊端,因为这使警察不但对娼妓有管束之权,有时甚至对于那些无意做职业妓女但无意中落入这个法律定义的妇女也有管束权。当然,如果不把性病看作是一种对罪恶应有的惩罚,则可以比现在有效得多地对付这种病。事先采取预防措施就有可能大大减少患性病的可能性,但是,使这种预防办法广为人知被认为是不可取的,理由是这种知识可能会助长作恶。那些患有性病的人,经常因羞于出口而拖延治疗,因为任何患这类疾病的人都被认为是可耻的人。现在,社会在这些方面的态度无疑比以前好多了,但若能进一步改善,结果可能就是性病的大幅减少。尽管如此,只要卖淫制度存在,它就会提供一种途径,传播比其他疾病更危险的性病,这是显而易见的。

现存的卖淫制度显然是一种不可取的生活方式。仅就疾病的危险而言,卖淫就是一个危险的行当,就像在白铅工厂里工作一样;更何况这种生活是一种伤风败俗的生活,这种生活极为懒散,往往导致酗酒。它有一个严重的不利情况:娼妓普遍遭人蔑视,就连她们的主顾大概也瞧不起她们。它是一种有违本能的生活,极类似于尼姑违反本能的生活。由于这种种理由,就像存在于基督教国家中的那样,卖淫是一种格外不可取的行当。

但是,日本的情况就完全不同了。卖淫被作为一种职业而得到认可和尊重,甚至有经父母的提议而当娼妓的。通过卖淫赚取嫁妆,甚至是一种常见的手段。根据一些权威人士的说法,日本人对梅毒有部分免疫力。相应地,日本娼妓的生涯并不具有在那些道德更严厉的地方所具有的肮脏性。显然,如果卖淫制度必须存在,那么它就应该以日本那样的形式存在,而非以我们在欧洲所习惯的形式存在。在任何一个国家,道德标准越严厉,娼妓的生活就越卑贱,这是显而易见的。

如果与嫖妓的接触变成习惯性的,则有可能对这个男人产生不良的心理影响。他会逐渐养成一种感觉习惯,即为了性交而讨好对方是不必要的。而且,如果他尊重一般的道德标准,那他也往往会对于任何与之性交的女人产生蔑视感。这种心理状态对婚姻的反作用可能是异常不幸的：要么把婚姻类似于卖淫，要么截然相反，把二者看作风马牛不相及的两回事。有些男人对于他深爱并敬重的女人，甚至提不起与她性交的欲望。这被弗洛伊德派归结为俄狄浦斯情结，但我以为，这多半是由于渴望在这类妇女和娼妓之间划上一道尽可能宽的鸿沟所致。许多男人，特别是老派男人，虽然没有达到这么极端的地步，但对待他们的妻子却过分地敬重了，这使得他们在心理上视她们如贞女，以致无法享受性的愉悦。当一个男人在想象中把他的妻子类同于娼妓，就会产生完全相反的恶劣影响。这导致他会忘记，性交只有在你情我愿时才会发生，并且之前须经过一番爱抚的过程而逐渐达成之。结果，他对自己的妻子粗鲁而野蛮，以致使她产生一种极难消除的厌恶心理。

　　经济动机对性的介入结果总是有害的，只不过程度不同而已。性关系应当是彼此间的一件乐事，仅当出于双方自发的冲动才能达成。如果情况不是这样，则一切有价值的东西都不会有了。以如此亲密的方式利用另一个人，就是缺乏对人类本身的尊重，而一切真正的道德都是从这一点产生的。在敏感的人看来，这样的行为是不可能以任何严肃的方式对人产生吸引力的。尽管如此，如果以纯粹的肉体冲动力量做出这种行为，就有可能导致自责，而一个人在自责的时候，他的价值判断就会紊乱。当然，这不仅是对卖淫而言，婚姻也大抵如此。婚姻对于女人来说是再普通不过的生活方式了，而女人所忍受的不情愿的性行为的总量，在婚姻中大概是要多于卖淫中的。性关系中的道德若摆脱了迷信的话，则基本上包括对他人的尊重以及不愿意利用他人作为仅仅满足个人欲望的工具而不顾及对方的欲望。恰恰是因为卖淫违背了这一原则，使得就算娼妓受到尊重，且性病的危险业已消除，卖淫仍然是不可取的。

　　哈夫洛克·埃利斯在其对卖淫十分有趣的研究中，提出了一个赞成卖淫的论点，但我不相信这个论点是成立的。他首先研究了存在于大多数早期文明的秘密的祭神仪式〔（古希腊、古罗马时期的）常以歌舞、狂欢、纵欲等为其特点〕，其间，人们可以把不受管束的在平时必须节制的冲动无拘无束地发泄出来。根据他的说法，卖淫制度是从这种秘密的祭神仪式演变而来的，而且其作用在某种程度上与这类仪式所起的作用相同。他说，许多男人由于传统婚姻的各种束缚、礼节和体面限制，而不能感到完全的满足，他认为这类男人便会偶尔找妓女玩玩以求发泄，因为嫖妓一事不像其他事情那样为社会所反对。然而，在根本上，他的论点和莱基的是一样的，尽管形式更现代一些。性生活放荡不羁的女人也像男人一样，易陷于哈夫洛克·埃利斯所说的那种冲动，所以，如果妇女的性生活一旦解放，男人便可使这种冲动得到满足，而不必去找纯粹以金钱为目的的职业妓女。这的确是可望从妇女的性解放中得到的一大好处。据我观察，在性观念和感觉方面不受过去的禁忌所束缚的女人，能够从婚姻中得到和给予远比维多利亚时代充分得多的满足。在旧道德衰微的地方，卖淫现象也会衰微。从前不得不偶尔找找娼妓的年轻人，现在能够与同类型的姑娘发生关系，这是你情我愿的关系，纯肉体因素和心理因素并重的关系，经常包含了双方颇有激情之爱的关系。从任何真正的道德观看，这对于以前的制度是一个巨大的进步。道德家们对此很遗憾，因为这种制度不易于隐瞒，但是，道德下降不应为道德家耳闻毕竟不是第一道德原则。年轻人之间的这种新自由，在我看来，完全是一件可喜可贺的事，它正在造就一代没有粗暴行为的男人和不过分挑剔的女人。那些反对这种新自由的人，应该坦率地面对一个事实，即他们实际上是在提倡把卖淫制度作为唯一的安全阀，来排解那严厉得无以复加的社会制度的压力。

第十二章 试 婚

在理性的道德中，没有子女的婚姻是不算数的。没有生育的婚姻应该是容易解除的，因为只有通过孩子，性关系对于社会才有重要意义，才值得被法律所承认。当然，这不是教会的观点，教会在圣保罗的影响下，仍然把婚姻视为私通的替代形式，而非生育的手段。然而，在近些年，就连牧师都知道，无论男女都不会等到结婚才体验性交。关于男人，如果他们的失足是由于嫖妓，并且得到体面的掩盖，那他们就比较容易得到谅解，但是关于除职业妓女之外的女人，传统的道德家们对她们所谓的不道德，却难以容忍多了。尽管如此，自第一次世界大战以来，这种情况在美国、英国、德国、斯堪的纳维亚发生了很大的变化，体面人家有非常多的姑娘已不再认为保持"贞操"有什么价值，而年轻男人也不再找娼妓以求发泄，而是和某一类女人发生性关系，假如这类女人较富有，他们便希望娶其为妻。这种情况似乎在美国比在英国普遍些,我认为这要归因于禁酒和汽车的普及。由于禁酒,在任何欢快的聚会上,每个人都喝酒,不管是微醉或酩酊大醉,这已是社交礼仪所必要的了。由于很大比例的女孩都拥有自己的汽车,对她们来说,避开父母和邻人的视线去和情人幽会就变得很容易了。这种事情的后果在林赛法官的书中已有描述。① 年长者指责他言过其实,但年轻人却不然。我曾就一个临时旅行者之所能,不辞辛劳地通过向年轻男子问询来验证林赛的言论的真实性。我发现,他们都不否认林赛所说是事实。全美国的情形似乎都是:后来嫁人并极有社会地位的女人有相当的比例在婚前有过性经验,并且往往不止一个情人。即使没有发生完全的关系,也有如此之多的"爱抚"和"接吻"行为,以致要说绝没有性交,只能视为一种反常现象。

我本人不敢说当前的状态是令人满意的,其中有某些不应有的特性是被传统的道德家强行加入的,在传统道德改变之前,我看不出这些不应有的特点怎样才会消失。非法的性行为事实上与非法的酗酒行为一样卑劣。我不认为有谁能够否定,在富有的美国,与禁酒令颁布之前相比,现在的年轻人当中,尤其是年轻女人当中,酗酒的情况大大增加了。当然,在绕过法律

---

① 《现代青年的反抗》,1925 年。《伴侣婚姻》,1927 年。

规定方面，人们总是有某种情调，并以手段的巧妙自得，既然可以绕过有关禁酒的法律，那么，自然就可以绕过有关性的传统，在这里，这种胆大妄为的意识也充当了一剂春药。结果是，年轻人之间的性关系往往采取了一种最愚不可及的形式，他们发生性关系不是出于爱情，而是源于虚张声势，而且有时是醉酒时的口吐狂言。性就像喝酒一样，不得不采取一鼓而泄的和相当倒胃口的形式，因为唯有这样的形式才能避免当局的警觉。作为一种高尚的、理性的、全身心的、需要双方无保留地合作的活动的性关系，我以为在美国的婚姻之外是不常发生的。就达到这个地步来说，道德家们是成功的。他们并未能阻止通奸，相反，他们的反对反倒使通奸有了趣味，以致变得更为普遍。但是，他们成功地使通奸名誉扫地，几乎成为像他们所说的一种不可取的行为，就好比他们成功地使酒成为像他们所断言的毒药一样。他们强迫年轻人认为性是高洁的，是与日常的厮守、与普通的工作、与一切心理上的亲密毫无关系的。那些比较胆小的年轻人并没有达到圆满的性关系，但却以产生那种在性方面未满足但较持久的性刺激状态为满足，这种状态会导致神经衰弱，并使以后性方面的充分享受变成一件困难的或不可能的事，这种在美国年轻人中盛行的性刺激还有一个弊病，那就是，要么工作时无精打采，要么睡眠不足，因为这种事不可避免地与持续若干小时的派对有关。

在正统道德依然故我的同时,一个更严重的问题是偶发性灾难的危险。由于走霉运,某个年轻人的行为传到某个道德卫士的耳中,这令道德卫士继而"出于良知"追踪出一桩淫乱狂欢的丑闻。而且,因为对美国的年轻人来说,获得健全的节育知识几乎是不可能的,意外怀孕的现象时有发生。这个问题的解决办法通常是人工流产,但人流是危险的、痛苦的和非法的,而且绝不容易保守秘密。晚辈的道德和长辈的道德之间巨大的鸿沟——这在当今美国十分普遍地存在着——会造成另一个不幸的结果,即,父母和子女之间常常不可能有任何真正的亲密或友谊,而且父母不能以劝告和同情的方式帮助他们的子女。当年轻人遇到困难时,他们不能把困难讲给父母听,否则会引起父母的震怒,也可能是反感,但肯定是一种歇斯底里的举动。因此,父母和子女的关系在子女进入青春期后,不再是一种发挥任何有益功能的关系。相较之下,特罗布里恩的岛民就显得有教养得多,在那里,做父亲的会对女儿的情人说:"你跟我的孩子睡觉:很好,娶她吧。"①

尽管有我们上述讨论的弊病,与长辈们相比,美国年轻人的解放,不论多么不完美,还是有极大的益处的。他们不会自命不凡,不那么羞怯,更少受到没有理性根据的权威的束缚。

---

① 马林诺夫斯基,《野蛮人的性生活》,第73页。

我还认为，他们与长辈们相比，不那么残忍、那么粗鲁，处事也不那么激烈。因为，把性关系中找不到出口的不受管束的冲动以激烈的方式发泄出去，一直是美国生活的特色。也许还可指望在现在年轻的一代到了中年的时候，将不会完全忘却自己年轻时的行为，并将对目前需要秘密进行而暂时不大可能的性试验持宽容态度。

英国的情形与美国大体相同，尽管由于没有禁酒令及汽车没那么普及而没有达到美国那样的程度。我认为，在英国，寻求性刺激但没得到最大满足的做法也少得多，欧洲大陆肯定也是如此。而且，英国有身份的人，除了有些例外，总体上也不如美国有身份的人那样，充满了迫害性的热情。尽管如此，这两国之间的差别只是程度不同而已。

本·林赛法官曾主持丹佛少年法庭多年，而且在这一位置上有着别人难以企及的机会弄清这些事实。他提出了一种新的他称之为"试婚"的制度。不幸的是他失去了他的官位，因为当三K党和天主教徒知道他利用该职位来增进年轻人的幸福，而不去让他们意识到自己有罪的时候，他们就联合起来把他赶下了台。试婚是一个明智的保守主义者的提议，它旨在将某种稳定性引入年轻人的性关系中，以消除当前的乱交现象。林赛法官指出了一个显而易见的事实，那就是，阻碍年轻人结婚的是财力不足，结婚所以需要钱，部分是为了子女的缘故，但部分也是因为妻子不能自食其力。他的观点是，年轻人应该能够开始一种新的婚姻形式，它有三个特征有别于普通的婚姻形式。首先，暂时不应希望生孩子，因而应该把最先进的节育知识告诉他们。其次，只要没有孩子，妻子又没有怀孕，经过双方同意便可离婚。再次，离婚时，妻子无权要求赡养费。他主张，我也以为这主张是对的，如果这样一种制度被法律确认，许许多多的年轻人，譬如大学的学生，就会进入一种比较持久的伴侣关系，包括共同的生活，而且能避免当下的性关系中的那种醉神节特征。他提出证据称，已婚的青年学生要比未婚学生工作出色。的确，显而易见的是，工作与性在准永久性的关系中比在聚会和纵酒刺激的混乱和兴奋活动中更容易结合在一起。没有任何理由认为，两个年轻人共同生活要比分开生活花费更多，当前导致推迟结婚的经济理由将不再成立。林赛法官的计划如果纳入法律，将会产生十分有益的影响，而且这种影响从道德的视角看将会被公认为是有益的，我对此是没有半点怀疑的。

尽管如此，不论是美国的南北还是东西，林赛法官的建议被所有的中年人和所有的报纸一律报以恐怖的咆哮。有人说，他是在攻击家庭的神圣；有人说，他对于不是以立即生孩子为目的的婚姻宽容，这是在打开非法淫欲的洪水闸门；有人说，他极大地夸大了婚外性关系的普遍性，他是在诋毁纯洁的美国女性，而大多数商人直到30～35岁都仍然是乐于节欲的。说了所有这些事情，我试着认为，在说这些话的人当中，有些人是诚心实意的。我听过许多针对林赛法官的激烈抨击，但我所得出的印象是，被认为决定性的论点有二。第一，林赛法官的建议不会得到基督的赞同；第二，这些建议也没得到美国的牧师中胸怀较宽大者的赞同。第二个论点似乎更有力量，而且的确如此，因为另一个论点是纯假设性的，不能得到证实。我从未听到过任何人提出过林赛法官的建议会减少人类幸福的论点，甚至连言不由衷地提出过的人都没有。的确，我不能不得出一个结论，即人类的幸福确实被那些拥护传统道德的人认为是完全不重要的。

至于我个人，虽然我完全相信试婚是向正确方向迈出的一步，而且会带来极大的好处，但我不认为它走得足够远了。我认为，一切不涉及孩子的性关系，都应认为是纯私人的事情，如果一男一女选择生活在一起而不要孩子，那也应该是他们自己的事，而不是他人的事。不论是男人还是女人，如果婚前没有性经验，就想进入以孩子为目的的婚姻这件终身大事，我是不敢苟同的。有大量的证据表明，第一次性行为应该和有性知识的人发生，人类的性行为不是本能的，而且，显然自人类的性行为不再从背后进行以来，性从来就没有成为本能。抛开这个论点不谈，要求人们在事先完全不知道在性方面是否和谐的情况下开始一种终身的关系,这似乎是荒谬的。这就像一个想买房子的人不被允许在完成交易之前看房子一样荒谬。如果婚姻的生物功能得到足够的认可,那么适当的程序应该是:在妻子第一次有孕以前,任何婚姻都不应该有法律上的约束。而当前,如果性交不可能实现,婚姻就是空洞的,但是,婚姻的真正目的在于孩子而非性交,因此,直到在诸如有望生出孩子的时刻之前,婚姻就不应视为是圆满的。这种观点取决于,至少是部分取决于把生育与通过避孕法而导致的单纯性行为区分开来。避孕法改变了性与婚姻的整个面貌,并且使从前被人忽视的区分变得必不可少。人们走到一起也许只为了性,比如卖淫时的情况,或者为了含有性成分的伴侣关系,如林赛法官所说的试婚,或者为了建立家庭的目的。这些全都不一样,而且没有一种道德能够适应现代这种把它们混杂在一个无差别的大杂烩中的环境。

第十三章　现代家庭

到这个时候,读者或许已经忘记我们在第二、三章中讨论过母系家庭和父系家庭以及家庭与原始的性道德观的关系。现在是时候继续讨论家庭问题了,因为家庭为限制性自由提供了唯一合理的根据。我们已经结束了关于性与罪的长长的插曲,其中,性与罪的关系虽非早期基督徒首创,但却被他们利用到了极致,现在已成为我们大多数人的自发道德判断的一部分。我不想再费神讨论这种神学观了,根据该神学观,在性本身中就有某种恶的东西,这些恶的东西只有在婚姻与生育欲望相结合时才能够消除。我们现在必须讨论的问题是,为了孩子的利益,要求性关系达到怎样的稳定度。也就是说,我们必须考虑把家庭作为稳定的婚姻的一个理由。这个问题绝不简单。显然,一个孩子作为家庭的一个成员所能得到的利益,取决于家庭的代替物是什么:也许有值得称道的会比大多数家庭更胜一筹的公共机构。我们还必须考虑，家庭生活中是否有任何必不可少的角色是由父亲扮演的，因为只是由于父亲的缘故，女性的德行才被认为对家庭至关重要。我们必须探究家庭对孩子个人心理的影响，这是弗洛伊德曾用一种有点险恶的态度讨论过的一个问题，我们必须思考经济制度在增加或减少父亲的重要性方面的影响。我们必须扪心自问，我们是否应该希望国家取代父亲，甚或有可能像柏拉图建议的那样，取代父亲和母亲。而且，即使假定，我们都认为在正常情况下父母能为孩子提供最好的环境，我们还是必须考虑许许多多下面这样的例子：一方或另一方不适合担当父母之职，或者双方形同水火，以致为了孩子的利益，他们还是分开为好。

在那些基于神学理由反对性自由的人中，通行着一种反对离婚的论调，认为离婚是与孩子的利益背道而驰的。然而，这个论点，若为有神学思想的人所使用，却并不成立，这可以从下述事实看出：这样的人是不会容忍离婚或避孕的，甚至在父母一方患有性病、孩子有可能也会感染性病的时候，也是如此。这类事情表明，以呜咽的腔调为小孩子的利益而作的呼吁，若走向了极端，只不过是一个适合于残酷需要的借口罢了。关于婚姻和孩子利益的关系问题，必须不带偏见地加以考虑，同时必须认识到，这个问题的答案从一开始就不是一望而知的。在这一点上，用几句话概述一下还是合适的。

家庭并不是从人类才开始有的制度。家庭的存在从生理的角度看，是因为怀孕和哺乳期间，父亲的帮助是婴儿生存的必要条件。但是，正如我们在特罗布里恩德岛民的情况中所看到的，也正如我们在类人猿的情况中能够可靠推断的，在原始的条件下，给予这种帮助所基于的理由，与驱使文明社会中的父亲这样做的理由并不完全相同。原始的父亲并不知道那孩子和他本人有什么生理上的联系，他只知道那孩子是他所爱的女人的后裔。他之所以知道这个事实，是因为他亲眼看到孩子的出生，也正是这个事实，产生了他与那孩子之间的本能的联系。在这个阶段，他看不出在保卫他妻子的贞操方面有任何生理上的重要性，尽管毫无疑问，如果她的不忠引起了他的注意，他就会感到本能的妒忌。也是在这个阶段，他丝毫没有把孩子当成财产的意识。孩子只是他的妻子及其兄弟的财产，而他本人与这孩子的关系，只不过是一种感情上的关系。

然而，随着智力的发展，人类迟早要吃那善恶智慧树上的果子。男人开始意识到孩子是他播种的结果，他因而必须确保他妻子的贞操。妻子和孩子成了他的财产，而且在经济发展的某个水平上，他们也许成为非常宝贵的财产。他通过宗教使他的妻子和孩子对他产生一种责任感。对于孩子，这一点尤其重要。因为尽管他比年幼时的孩子强壮，但是他衰老的那天总会到来，而他们将进入年富力强的成年期。在这个阶段，轮到孩子们应该孝敬他了，这对于他的幸福是至关重要的。摩西十诫中关于这个问题的戒律，其措辞是欺骗性的。它应该这样说："孝敬你的父母，使他们在这块土地上活得长久些。"早期文明中所存在的弑父恐惧，表明要克服这种邪念有多难，因为，一种我们无法想象自己会犯的罪行，比如以同类相食为例，都不能使我们感到真正的恐怖。

使家庭达到其全盛期的，是早期畜牧和农业社会的经济条件。那时，大多数人是得不到奴隶来做劳动力的，因而获取劳动力的最便利的方式是繁殖劳动力。为了使孩子确信他们应该给他们的父亲干活，借助宗教和道德的全部力量使家庭制度神圣化就成为必然的了。渐渐地，长子继承制把家庭单位扩展为附属的家族分支，并提高了一家之长的权力。王公贵族本质上都有赖于这种等级观念，甚至神也不例外，因为宙斯就是众神和人类的父亲。

直到这时，文明的成长一直在增加家庭的力量。然而从这时起，一种相反的运动发生了，直至西方世界的家庭全然成为以前家庭的影子为止。导致家庭衰落的原因，部分是经济的，部分是文化的。在家庭充分发展的时期，不论是对于城市人口还是对于海洋民族，家庭从来就不是很适合的。除我们现代以外的各个时期，贸易历来都是文化的主要原因，因为贸易可以使人们与其他民族的风俗相联系，因此可以把人们从部落偏见中解放出来。相应地，我们发现，在海洋民族希腊人中，家庭的束缚要比在同时代的民族中少得多。我们还可以在威尼斯、荷兰和伊丽莎白时代的英国，看到海洋对于摆脱家庭束缚的影响的例子。然而，这些是题外话，唯一和我们有关的是：当家庭某个成员航海远行而其他成员留在家里时，他无疑摆脱了家庭的控制，家庭的力量相应受到削弱。农村人口向城市的流入，作为所有文明崛起时期的特征，其在削弱家庭力量方面，有着与海洋贸易一样的影响。另一个影响是奴隶制，这在社会的较下层中也许甚至更重要。奴隶主很少尊重其奴隶的家庭关系，他可以随自己的意愿把丈夫和妻子拆散，当然，他也可以和任何让他中意的女奴性交。诚然，这些影响不会削弱贵族家庭，因为门第观念以及渴望在诸如蒙太古－凯普莱特［二者均为贵族家庭，参阅《罗密欧和朱丽叶》的第一幕第二场——译注］之争一类的家族纷争中获胜的意念把贵族家庭团结在一起。大家族之间的纷争是古代城市生活所特有的，中世纪后期和文艺复兴时代的意大利城市生活也差不多如此。然而，贵族制度在罗马帝国的第一个世纪里失去了其重要性，而最终胜出的基督教，起初是一种奴隶和无产阶级的宗教。家庭以前在这些社会阶层的衰落，毫无疑问是由于这样的事实：早期的基督教有点儿仇视家庭，并系统阐述了一种伦理，家庭的地位在该伦理中远次于在任何一种以前的伦理中，只有佛教的伦理除外。在基督教伦理中，重要的不是人与人之间的关系，而是灵魂与上帝的关系。

然而，佛教的情形应该警示我们不要过于强调宗教的纯经济原因，关于在佛教传播到能够把它对个人灵魂的重视归因于经济原因时，对印度的社会状况，我了解得不够，而且我相当怀疑是否有那样的原因存在。纵观佛教在印度盛行的时期，似乎主要是一种王室宗教，因而可以预计，与家庭相关联的思想观念，理应对他们比对其他阶级有更强大的支持作用。尽管如此，对现世的厌恶以及对灵魂得救的寻求变得普遍起来，带来的结果是，家庭在佛教伦理中居于一种十分次要的位置。伟大的宗教领袖，只有穆罕默德——和孔子，如果他也算宗教领袖的话——除外，一般都对社会和政治事务漠不关心，而且寻求通过冥想、修炼和克己等使灵魂完善。与有历史记录以前就已存在的宗教相反，历史上各时期兴起的宗教，总体上一直是个人主义的，而且往往认为一个人可以在孤独的生活中履行其所有的职责。当然，它们也坚持，如果一个人有社会关系，他就必须履行那些公认的从属于这些关系的职责，但它们通常并不把这些关系的结构本身视为一种职责。这一点尤其适用于基督教，因为基督教始终对家庭持有一种暧昧的态度。我们可在《新约》福音书中读到"那爱父母胜过爱我的，不配跟随我"，这句话实际上是指，一个人应该做他认为正确的事，即使父母认为是错误的，这是一种在古罗马人或旧式中国人看来所不能接受的观点。基督教中这种个人主义缓慢地发挥着潜移默化的影响，且逐渐地削弱了一切社会关系，尤其是在那些最虔诚的人中。这种影响在天主教中比在新教中要小，因为在新教中，应该服从上帝而非人这一原则中所包含的无政府主义元素惹人注目。在实践中，服从上帝就是指服从人的良心，而良心是各不相同的。因而，必然在良心与法律之间偶尔会发生冲突，在发生冲突的时候，真正的基督徒觉得应该尊重那遵从自己的良心而非法律命令的人。① 在早期文明中，父亲是上帝，而在基督教中，上帝即父亲，带来的结果是，人父的权威被削弱了。

现代家庭的衰落毫无疑问主要归因于工业革命，但家庭的衰落在此之前就已开始，其发端是由个人主义理论引起的。年轻人宣称有权根据自己的意愿而非父母之命结婚，已婚儿子住在父母家中的习惯逐渐消失。对于儿子来说，教育一经完成便离开父母家自谋生计已成惯例。在过去，只要孩子能够在工厂工作，他们便是父母生计的一个财源，直到他们死于过度劳累。但是，英国的《工厂法》终结了这种剥削形式，虽然借此生活的人提出了抗议。从此，孩子从一种生计工具，开始变成一种

---

① 作为这方面的一个例子，我们可以注意到休·塞西尔勋爵对一战期间本着良心的反对者的宽容。

经济负担。在这个阶段,避孕法为人所知,人口出生率的下降开始了。关于人们历来根据经济能力而生育子女的观点颇有可说之处。至少,这个说法似乎适合于澳大利亚的土著、兰开夏郡的制棉工人和英国贵族。我不敢断言该观点可以用理论来确定,但是,它的确与人们可能设想的真相相差不远。

现代家庭的地位被国家的作用大大削弱,甚至最牢固的家庭也不例外。在家庭的极盛期,一个家庭包括一位年长的父亲、大量的成年儿子、他们的妻子儿女,或许还有孙辈们,数世同堂住在一个屋子里,作为一个经济单位大家通力合作,联合起来一致对外,就像现代军国主义国家的公民一样。而现如今,家庭缩减到只有父母和年幼的孩子,而且,根据国家法令,年幼的孩子把大部分时间用在学校里,学习国家认为对他们有益的东西,而不是父母希望他们学的东西(然而宗教在这方面是个例外)。现在,英国的父亲不但远没有古罗马时的父亲拥有对子女的生杀大权,而且,如果他按照一百年前大多数父亲认为是必不可少的道德观去对待子女,那么他很可能被指控犯有虐待罪。国家提供免费医疗,如果父母太穷,国家还给孩子提供食物。父亲的职能就这样降至最低限度,因为其中的大多数职能已由国家代行了。随着文明的进步,这是不可避免的。在原始状况下,父亲是必不可少的,就像鸟类和类人猿中的父亲一样,这既有经济原因,也是为了要保护孩子及其母亲免受伤害。

后一项职能很久以前就被国家取代了。一个丧父的孩子，不再比一个父亲仍健在的孩子更容易受伤害。在富有阶层中，父亲的经济职能，在父亲去世时比父亲仍健在时执行得更有效率，因为他如果生前没有花光的话，死后就会把财产留给他的孩子。在那些依靠赚钱糊口的人中，父亲还是有经济功用的，但是一旦涉及工薪阶层，这种功用因社会的人道主义舆论正被连续地削弱，因为这种观点坚持儿童应该得到某种最低限度的照顾，即使他没有父亲方面的经济帮助。现在，最具重要性的父亲是在中产阶级中，因为，只要他活着并挣得一份较好的收入，他就能够给予孩子那些在昂贵教育方面的好处，这种教育进而能够使他们保持住他们的社会和经济地位。但如果他去世时孩子还很幼小，则孩子就有相当的可能失去他们的社会地位。然而，这种情况的不稳定由于人寿保险的通行而大大降低了。通过人寿保险的方式，即便是在职业阶层中，一个精明的父亲也可以大大减少他的功用。

在现代世界，绝大多数父亲都因过于忙于自己的工作而不能常常见到自己的孩子。早上，他们急急忙忙去上班，无暇和孩子谈话；晚上，等他们回家时，孩子已经（或应该）上床睡觉了。人们都听过关于孩子只知道父亲是"那个回来过周末的人"这样的故事吧。在照料孩子这类重要的事务上，父亲是很少能够参与的。实际上，这一职责是由母亲和教育界人士分担的。的确，父亲常常对孩子具有强烈的感情，尽管他能抽出空来与孩子待在一起的时间很少。每逢星期日，在伦敦任何一个穷社区里，人们都可以看到许多父亲和他们的孩子待在一起，显然，他们对于这短暂的机会与孩子相处感到由衷的高兴。但是，不论父亲怎么想，从孩子的视角看，这只是一种没有什么重要意义的嬉戏玩耍关系。

在上流社会和职业阶层中，人们的习惯是，在孩子年幼时把孩子交给保姆看管，稍大后送到寄宿学校上学。母亲负责挑选保姆，父亲负责选择学校，这样他们就保全了他们控制其后裔的权力感，而这是工人阶级的父母所办不到的。但是，就亲密接触而论，富有之家的母子关系通常不如工薪家庭中那么密切。富有之家的父亲在节假日和他的孩子之间有一种嬉戏玩耍的关系，但是，在实际的子女教育上的作用却比不上工人阶级的父亲。当然，他负有经济上的责任，拥有决定子女在何处受教育的权力，但是他与子女的个人接触通常不具有特别重要的意义。

当孩子进入青春期时，父母和孩子之间很容易发生冲突，因为后者自认为到现在完全能够处理自己的事情，而前者则充满了父母所固有的担心，这种担心往往是一种权力欲的伪装。通常，父母们认为，青春期所出现的各种道德问题，是他们尤其该管的。然而，他们所发表的意见往往十分武断，造成年轻人很少向父母倾吐个人心事，于是往往私下里自行其是。因而，不能说大多数父母在这个阶段有很大的用处。

至此，我们讨论的都是现代家庭的不足。现在，我们该讨论家庭在哪些方面依然是强有力的。

今天，家庭很重要，其原因是家庭能使父母获得情感，这比任何其他原因都重要。父母的情感不论对于男人还是女人，在行为影响力方面要比任何其他情感都更重要。通常，在有了孩子之后，不论男女，主要是根据孩子来规划自己的生活，而且孩子能够使普普通通的男女以某种方式采取无私的行动，其中最明确、最可度量的，恐怕要数人寿保险了。教科书在讨论一百年前的经济人时，从来没给他配子女，尽管一个经济人在经济学家的想象中是应该有子女的，然而，经济学家们理所当然地认为，他们所假设的那种一般竞争在父子之间是不存在的。显然，人寿保险的心理完全落在了古典政治经济学所讨论的动机范围之外。不过，政治经济学从心理上说不是自发的，因为对财产的欲望非常紧密地和父母的情感结合在一起了。里弗斯甚至提出，一切私有财产都起源于家庭感。他提到，某些鸟类在孵卵季节拥有私产，但在任何其他时候是没有的。我认为大多数人可以证明，他们在有了子女的时候会变得比之前贪婪得多，这种影响在通俗的意义上是本能的（换言之，是自发的）产生于下意识的源泉。我认为，在这个方面，家庭对于人类经济的发展具有十分重要的意义，而且仍是那些发达起来后有机会储蓄的人中一个支配性的因素。

在这一点上，父子之间容易产生一种令人奇怪的误解。一个在商界奋力打拼的父亲会告诉他懒惰的儿子说，他一辈子做牛做马完全是为了他的孩子。那儿子却与他相反，宁可现在就得到一张五元美钞和小小的爱抚，也不愿得到父亲死后的一大笔遗产。此外，儿子相当正确地注意到，他父亲进城办事，是源于习惯的力量，全然不是由于爱子之心。那个儿子因此而确信他父亲是个骗子，就好像父亲断定儿子是个败家子一样。然而，那个儿子是不公正的。他见到的是中年的父亲，那时父亲的所有习惯已经养成，而且他意识不到那隐秘的导致那些习惯之养成的下意识的力量。或许，父亲在年轻时可能受过贫穷之苦，当他的第一个孩子出世时，他的本能兴许使他发誓不再让自己的孩子遭受第二遍苦。这样的决心是庄重而有生命力的，因而无须在意识层面重复，因为无须重复，它就永远支配那位父亲的行动。这就是家庭所以仍具有强大力量的原因之一。

从年幼孩子的视角看，关于父母，一件重要的事情是，孩子可以从父母那里得到一种除了他的兄弟姐妹外不会给予他人的情感。这一点好坏参半。我打算在下一章讨论家庭对儿童的心理影响。因此，此时此刻，关于这个问题，我只想再说一点：家庭在孩子的性格养成方面显然是一个非常重要的因素，不在父母身边长大的孩子可以预计会迥异于寻常的孩子，好坏暂且不论。

在一个贵族社会里，或者实际上在任何一个允许个人卓越的社会里，家庭就某些重要的个人而言，是一种与历史的延续性相关联的标志。观察结果似乎表明，名叫达尔文的人在科学方面要比他们在婴儿时改名为斯努克斯的情况工作出色些。我认为，如果姓氏源自母系而非父系，则这种做法的影响将完全和现在一样强烈。虽然完全不可能把遗传和环境的成分做出这样的划分，但我完全确信，家庭传统在法兰西斯·高尔顿及其追随者归结于遗传的诸现象中，扮演着一种相当重要的角色。人们也许可以用据说导致塞缪尔·巴特勒创立其无意识记忆学说并提倡一种新拉马克派的遗传理论的原因作为家庭传统之影响的一个例子，这个原因就是，由于家庭的缘故，巴特勒感到有必要与查尔斯·达尔文不同。他的祖父（似乎）和达尔文的祖父辩论过，他的父亲也和达尔文的父亲辩论过，所以他也必须和达尔文辩论一番。因此，萧伯纳的《长生》所以写成那个样子，要归因于达尔文和巴特勒都有性格怪异的祖父这一事实。

在当今普遍实行避孕的时代，家庭最大的意义，或许是它能保持生儿育女的习惯。如果一个人看不到孩子的用处，又没机会和孩子发生亲密的关系，他就看不到生孩子有什么必要了。当然，如果我们的经济制度稍有改变，那么，使家庭只由母亲组成就是可能的了，但目前，我要讨论的不是这种家庭，因为这种家庭中根本提供不了性道德的动机，和我们现在的讨论有关系的，是作为稳定婚姻的根据的家庭。也许，其实我认为这不是不可能的，除了富人（假如社会主义允许富人存在的话）之外，父亲不久之后将会被完全取代。在那种情形下，女人将与国家而不是同父亲共同抚养孩子了。女人想要多少孩子就生多少孩子，父亲也将没有任何责任。其实，如果母亲乱交成性，父亲的身份将是不可能确定的。但是，假如果真如此，这将在男人的心理和行动方面造成深刻的变化，其深刻程度，我相信将远远超出大多数人的想象。对男人的这种影响是好是坏，我不敢妄加评说，它将把这仅有的在重要性上能与性爱相提并论的情感从人们的生活中抹去，它将使性爱本身变得更加微不足道，它将使人们对来世的任何事情发生兴趣变得困难得多，它将使人更不活跃，并多半促使他们更早退休，它将减弱他们对历史的兴趣以及对历史传统的延续感。与此同时，它将削弱文明人在某种情况下易于产生的那种最凶猛、最野蛮的激情，即那种为保护妻子儿女免遭有色人种攻击所感受到的狂怒，我认为，它将使人们不那么倾向于战争，而且多半不那么贪婪。在好的影响和坏的影响之间找到平衡几乎是不可能的，但是这些影响将强烈而深远，则是显而易见的。因此，父系家庭现在仍然是重要的，尽管人们怀疑这种重要性还能维持多久。

第十四章 个人心理中的家庭

我希望在本章讨论个人性格如何受家庭关系的影响。这个问题分为三个方面：对孩子的影响、对母亲的影响和对父亲的影响。当然，这三者无疑难以截然分开，因为家庭是一个紧密交织的单位，凡是会影响父母的，也会影响孩子。尽管如此，我还是试着按这三个方面分开讨论，从孩子开始讨论是自然而然的，因为每个人在成为父母之前，在家里都是孩子。

倘若我们相信弗洛伊德的话，则未成年孩子对于其他家庭成员的情感有一种稍微敌对的特征。男孩恨自己的父亲，把父亲视为情敌。而他对自己的母亲，则怀有一种被传统道德极度憎恶的情感。他恨自己的兄弟姐妹，因为他们吸引了父母的一部分关注，他多希望父母的关注全部集中在他一个人身上啊。在以后的生活中，这些混乱情感的后果是极复杂、极可怕的，轻则同性恋，重则狂躁症。

弗洛伊德的这种说法并没有像人们预料的那样引起多大的恐惧。诚然，有些教授因为相信这种学说而被解职；英国警察竟然把他那代人中最杰出的人物之一[①]驱逐出境，原因是他践行了弗洛伊德的学说。但是，由于基督教禁欲主义的影响，人们对于弗洛伊德强调性的做法，比他对幼儿仇恨心理的描写更感到震惊。然而，对于弗洛伊德关于儿童情感的见解是真是假，我们必须努力不带偏见地作出评价。首先，我得承认，近些年有关未成年孩子的大量经验，使我得出这样一种观点，即弗洛伊德的理论中所包含的真理比我之前所推想的多得多。尽管如此，我仍认为，这些理论只代表真理的一个方面，而且，只要父母有少许良好的意识，就可以轻易使这方面变得无足轻重。

让我们从俄狄浦斯情结谈起。婴儿的性欲无疑要比弗洛伊德以前的任何人所认为的都更强烈。我甚至认为，异性爱在儿童初期要比人们从弗洛伊德的著作中所看到的还要强烈。对于一个不明智的母亲来说，是不难在完全无意中把年幼儿子的异性爱集中在她自己身上的，而且毋庸置疑，倘若果真如此，则弗洛伊德所指出的恶果，大概就会随之发生了。然而，如果母亲的性生活令她满意，则这种恶果就极不可能发生，因为在那种情形下，她不会向她的孩子寻求一种只应从成人那里得到的

[①] 霍默·莱恩。

感情满足。纯洁的父母之冲动应该是去照顾孩子，而不是从孩子那里得到爱情，如果一个女人的性生活是快乐的，她就会自发地克制着一切从她的孩子那里寻求情感安慰的不正当要求。因为这个原因，一个幸福的女人要比一个不幸福的女人更有可能成为贤妻良母。然而，没有哪个女人能够保证始终是快乐的，因而在不快乐时，某种程度的自我克制以避免对孩子要求过多可能就是必要的了。这种程度的自我克制不太难做到，但是在以前，它的必要性并未被人们认识到，因此，一个母亲在对自己的孩子做出那种过分的爱抚行为时，被认为是完全适当的。孩子的异性爱的情感，可以从其他孩子那里找到一种自然的、有益的、天真无邪的发泄，这样，异性爱的感情就成了游戏的一部分，而且就像一切游戏那样，为将来的成人活动做好准备。一个孩子在三四岁以后，为了情感发展起见，他需要有两种性别的其他孩子做伴，不仅需要年龄或大或小的兄弟姐妹，还需要其他同年龄段的孩子。我们现代这种地道的小家庭，对于孩子早期的健康发展来说显得太沉闷、太封闭了，但这并不意味着，在孩子的环境中不应有这种成分。

　　容易使孩子产生不应有的情感的，不单单是母亲，女仆、保姆以及上学期间的学校老师也同样危险，实际上甚至更危险，因为通常来说，她们都处于性饥渴的年龄。教育权威的意见是，那些必须与孩子打交道的人应该始终是不快乐的老处女。这种观点表明了对心理学的严重无知，是任何仔细观察过孩子情感发展的人所不可能接受的。

兄弟姐妹的嫉妒在家庭中是十分普遍的，而在以后的生活中，有时候会成为杀人狂或不那么严重的神经错乱的一个原因。这种妒忌，除轻微的形式外，只要父母和其他照顾孩子的人能够稍微费点心思控制自己的行为，根本就不难防止。当然，绝不可有偏爱之心——在玩具、待遇和关心方面，必须观察入微、十分公正。在新的弟弟或妹妹出生时，必须费心尽力地防止其他孩子误认为他们对于父母不像以前那么重要了。我认为，凡是有严重的妒忌情况发生，都可以发现是因为这些简单的措施没有被人们放在心上。

由此，我们得到了某些能使家庭生活对于儿童的心理产生良好影响的条件。父母，尤其是母亲，必须尽可能使他们的性生活快乐。父母双方都要避免和孩子发生那种会引起不适合于孩子的反应的情感关系。在兄弟姐妹中间绝不可厚此薄彼，而应以完全不偏不倚的公正态度对待他们。在孩子三四岁以后，家里不应成为孩子唯一的环境，孩子每天应有相当部分的时间和同龄孩子打交道。这些条件如果具备，我想，弗洛伊德所担心的恶劣后果就不可能发生。

另一方面，父母的爱如果是正常的，那无疑能够促进孩子的发展。那些得不到母亲的温暖情感的孩子，往往瘦小而神经质，而且有时候他们会产生盗窃癖一类的缺陷。父母的爱能够使婴儿在这危险的世界里感到安全，使他们能够大胆地尝试和探索周围的环境。感到自己是被爱的对象对于儿童的精神生活是不可或缺的，因为他会本能地觉知自己的无助，觉知自己需要那种只有爱才能提供的保护。如果要使孩子长大后成为一个快乐、大度和无畏的人，那么他就需要在周围的环境中有某种温暖，那种只有通过父母的爱才能得到的温暖。

明智的父母还能为他们的孩子提供另一个帮助，尽管一直到不久之前他们几乎从未这样做过。那就是，父母能够用最佳的方式向子女介绍有关性与父母身份的事实。如果孩子了解到性是存在于生育他们的父母之间的一种关系，他们就会知道性的最佳形式以及性与其生物目的的联系。在过去，孩子实际上总是首先把性当作下流笑话的话题，当作一种难以启齿的快感的根源来了解性的。这种通过秘密的、猥亵的谈话而得到的最初的性启蒙，通常会产生一种不可磨灭的印象，以至于自此以后对于任何有关性的问题，都不能持高尚的态度。

当然，要确定家庭生活总体上是可取还是不可取的，我们就必须考察仅有的能够代替家庭的实际方案。它们似乎有两种方案：一是母权家庭，二是诸如孤儿院之类的公共机构。使其中的任何一种方案变成规则，都要求进行很大程度的经济改革。我们姑且假设它们均已实行，然后考察它们对儿童心理的影响。

先谈谈母权家庭。人们可以设想，孩子只知道母亲，一个女人如果感到自己想生一个孩子，她就可以生一个，但并不指望父亲对此有任何特殊的兴趣，也不一定选择同一个父亲去生不同的孩子。假定经济安排令人满意，那么孩子会因这种制度历经磨难吗？一个父亲对于他的孩子在实际上会有哪些心理上的用处呢？我认为，或许最重要的用处在于刚刚提到的最后一点，即，把性跟夫妻之爱和生育联系起来。另外，过了婴儿期之后，使孩子不但和女性的人生观接触，同时也和男性的人生观接触，这对于孩子会有明确的好处。在智力发育方面，父亲对男孩子尤其重要。与此同时，我看不出这种好处有非常深远的意义。就我所知，那些在婴儿期父亲就去世的孩子，平均而言并不比其他孩子更坏。毫无疑问，有一个理想的父亲要比没有强，但是许多父亲远不是那么理想，所以没有他们，也许对孩子反倒有积极的意义。

刚才所说取决于一个假定，即我们有一种与现在迥然不同的社会习俗。如果存在一种习俗，且这种习俗不被尊重，孩子会因此感到痛苦，因为在一个孩子看来，几乎没有什么能比让他感到与众不同更痛苦的了。离婚就是一个例证。一个过去一直有父母双亲并与他们感情深厚的孩子会发现，父母离异对他整个的安全感是毁灭性的。实际上，他有可能在这种情形下产生恐惧症和其他的精神失常症。一旦孩子对父母双亲产生依赖感，父母如果离异，他们就负有十分重大的责任。因此，我认为，对于孩子来说，父亲没有任何地位的社会，要比离婚现象频发的社会更好，尽管离婚仍被视为个别情况。

关于柏拉图所提出的，让孩子不但脱离他们的父亲，也脱离他们的母亲的建议，我看不出其中有多少道理。鉴于上面已经提及的理由，我认为，父母的爱对于孩子的发展是必不可少的，虽然也许只从父母一方就足以得到这种爱，但如果从任何一方均得不到这种爱的话，那肯定太令人遗憾了。从性道德的视角也即我们主要关切的方面来看，重要的问题是父亲的用处。关于这一点，虽然很难说出任何肯定的东西，但结论似乎是，在幸运的情况下，他是有某种有限的用处的，而在不幸的情况下，他可能很容易因独断专行、脾气暴躁和争强好斗，而变得弊远大于利。从孩子心理的视角看，那种赞同父亲的说法因而并不是十分有力的。

从目前的情况看，家庭在母亲心理中的重要性是难以估计的。我认为，女人在怀孕和哺乳期，通常都有一个渴望得到男人保护的本能趋向——一种无疑遗传自类人猿的感觉。在我们当今这个相当恶劣的社会里，一个女人不得已没有了这种保护，她多半会变得好斗和自负得有点过分。然而，这种感觉部分是本能的。如果国家对孕期和哺乳期的母亲、对她们的孩子给予足够的照顾，那么这种感觉就会大大减弱，甚至在某些情况下会完全消除。我以为,取消父亲在家庭中的位置,给女人造成的主要伤害,大概会减少她们与男性发生性关系时的亲密感和真挚感。一种性要从另一种性那里学很多东西,这是人类结构的事实,但是,单纯的性关系,即使是在充满激情的时候,也不会因这些教训而得到满足。养育孩子这种严肃事务上的合作以及历经多年的伴侣生活,双方建立并形成了一种很重要和丰富的关系,这种关系要比任何一种如果男人对孩子不负责任而存在的关系都更重要、更丰富。我认为,从情感教育的视角看,那种生活在一种纯女性的环境中或者其与男人的接触微不足道的母亲,与那种婚姻幸福且与丈夫诸事合作的母亲相比,除极少数例外情况,前者不如后者那样疼爱孩子。然而,人们也必须看到有大量与此相反的情况。假如一个女人在婚姻中并不真正幸福毕竟这不是偶然现象,那么她的不幸福使她在对待自己的孩子时,很难有正常的情感平衡。在这种情况下,如果她与孩子的父亲分开,无疑能成为一个更好的母亲。我们因而得出一个普通之极的结论,即幸福的婚姻是好的,而不幸的婚姻是坏的。

就个人心理中的家庭而言,重要得多的是家庭对父亲的影响。我们前面已经反复指出了父亲的身份以及伴随而来的激情的重要性。我们已经见到了它在与父权家庭的发展和妇女的屈从地位相关联的早期历史中所扮演的角色,而且我们能够从中判断父爱必然是一种多么强有力的情感。由于不易理解的原因，这种感情在高度文明的社会中不如在其他地方那么强烈。罗马帝国时期，上流社会的罗马人显然就没有这种情感，我们当今许多有知识的人，也几乎或全然没有这种情感。尽管如此，大多数人还是有这种情感的，甚至在最文明的社会中亦然。正是由于这个原因，而不是性的缘故，才促使男子结婚，因为男人不结婚也不难得到性的满足。有一种理论说，生孩子的欲望在女人中间比在男子中间更普遍，但是根据我自己的印象，姑且不论其价值如何，却刚好与此相反。在绝大多数现代婚姻中，孩子是女人一方对男人的欲望让步的结果。毕竟，女人生孩子是要面对劳累、痛苦和丧失姿色的可能的，而男人却不必为此担心。男人所以想限制家庭的规模，通常都是经济上的缘故；女人也有这类原因，但她们还有其自身特殊的原因。有职业的男人为了能以所在阶层认为是必要的方式，不惜花费重金使他们的子女接受教育，他们宁愿承受物质享受方面的损失。当人们考虑到这一点时，他们的求子欲望之强烈，就是显而易见的了。

如果男人享受不到父亲身份在当今所赋予的权利，他们还会想要孩子吗？有些人会说，如果男人不负责任，他们就会不顾一切地生孩子。我不相信这种说法。一个渴望有孩子的父亲，也会渴望由此而来的责任。在普遍实行避孕的今天，男人有孩子往往不只是他寻欢作乐时的意外事件。当然，无论法律怎样规定，生活在一种永久的结合中，这扇大门对于男女始终是敞开的，男人能在这种结合中享受到伴随父亲身份而来的权利和乐趣，但如果法律与习俗顺应了那种孩子只属于母亲的观点，则女人将觉得，任何与我们现在所知的婚姻相类似的东西，都是对她们的独立的侵犯，并且会不必要地损及她们对子女的绝对占有权，因为她们本来是可以享受这种占有权的。我们由此可以预期，男人不是经常能成功地说服女人放弃法律所赋予她们的权利的。

关于这样一种制度对男性心理的影响，上一章中已有所阐述。我相信，它将大大削弱男女关系的严肃性，使这种关系越来越变成一件单纯的乐事，而不是心、灵和肉的紧密结合。它将使一切人际关系变成某种微不足道的小事，从而使男人把自己的严肃情感都集中在他的事业、他的国家或某类与个人完全无关的事情上。然而，这些都说得有点笼统，因为人与人之间还是有很大的区别的，一件在一个人看来可能是重大失权的坏事，在另一个人看来可能是心满意足的好事。我相信（我提出下述观点时有些踌躇），作为一种被社会认可的关系的父权如果被取消，会导致男人的情感生活变得浅薄而无关紧要，最终导致厌烦与失望的情绪缓慢增加，进而使生育逐渐消失，使得人种将留待那些仍保存旧习俗的群体来补充。我认为那种厌烦和浅薄的情况是不可避免的。当然，人口减少问题可以通过给予妇女足以负起母亲职责的金钱来解决。这种措施兴许不久之后就要实行了，如果军国主义仍像现在这样强烈的话。但是，这条思考线路属于下一章将要讨论的人口问题，在此不再赘述。

第十五章 家庭与国家

家庭虽然有着生物学的起源，但它在文明社会中却是法制的产物。婚姻是受法律调节的，父母对于子女的权利也有着详细的规定。若没有婚姻，父亲是没有任何权利的，所生的孩子完全属于母亲。但是，虽然法律意在维护家庭，可是现在它却日益介入父母和孩子之间，并逐渐成为破坏家庭的主要引擎之一，这有违立法者的愿望和初衷。这种情形的发生，是由于这样的事实所致：人们无法指望坏父母能像社会所普遍认为必需的那样照顾自己的孩子。不仅是坏父母，还有比如十分贫困的父母，也要求国家干预，来保证他们的孩子免遭不幸。19世纪初期，干涉工厂童工的提议遭到激烈反对，理由是这会削弱父母的责任。尽管英国的法律不像古罗马的法律那样允许父母用快速无痛的办法杀死自己的子女，却允许父母用缓慢的劳作折磨吸干孩子的生命。这项神圣的权利得到父母、雇主和经济学家的维护。尽管如此，社会的道德感却被这种抽象的空谈激怒了，《工厂法案》获得通过。接下来是更为重要的一步，即义务教育的推行。这是对父母权利的一个真正严重的干涉。除节假日外，在每天的大部分时间里，儿童都得离开家，去学习国家认为他们有必要了解的知识，至于父母对这一问题有何想法，在法律上是得不到认可的。通过学校，国家对孩子生活的控制逐渐扩大。孩子的健康得到照顾，即使他们的父母是信基督教的科学家。如果孩子在精神上有缺陷，他们就被送往特殊学校。如果孩子吃不饱，他们就会得到免费食物。如果父母无力给孩子买鞋，鞋子也可由国家供应。如果孩子到学校时留有受父母虐待的痕迹，父母就有可能受到惩罚。以前，只要孩子没有成年，父母就有权得到孩子挣来的钱；现在，尽管孩子在实践中可能难以保有所挣来的钱，但他们还是有权利这么做的，而且，一旦情况需要这么做的时候，这项权利是能够实现的。工薪阶层的父母至今仍保有的少数权利之一是，有权把同一居民区中许多父母所共有的任何一种迷信传授给自己的孩子。但是，在许多国家，这项权利也被剥夺了。

对于国家取代父亲的这个进程，并不能设定任何清晰的界限。国家所取代的，是父亲的职能，而不是母亲的职能，因为国家为儿童提供诸如父亲本来必须花钱才能享有的服务。在上流社会和中产阶级中，这一过程几乎根本没有开始，结果，有钱人家的父亲仍然比工薪阶层的父亲更重要，家庭也更稳定。在重视社会主义的地方，比如在苏维埃俄国，取消或彻底改造之前旨在针对富家子弟的教育机构，被认为是一件重要而亟须进行的工作。难以想象这种事情会发生在英国。我目睹过著名的英国社会党人士因有人建议所有儿童都应该上小学而口沫横飞、暴跳如雷。"什么，我的孩子和贫民窟的孩子往来？绝对不行！"他们大叫着。他们竟然不知道阶级分化与教育制度有何等密切的关系，这实在是够奇怪的。

各国当前的趋势是，国家对劳动阶级中父亲的权力和职能的干涉持续增加，而在其他阶级中却没有相应的干涉（俄国除外），这样做的结果是，在富人和穷人中间产生了两种相当不同的情形：一方面，穷人家庭日趋衰弱；另一方面，富人家庭却没有相应的变化。我认为，人们可以这样设想，过去造成国家干涉的那种对儿童的人道主义情怀将继续下去，并将导致越来越多的干涉，例如，伦敦的贫民区极大比例的儿童及北部工业城市中为数更多的儿童都患有佝偻病，这个事实势必唤起公众的行动。对于这种恶果，不管父母们怎样努力，都是无济于事的，因为这种病要求饮食的改善、新鲜的空气和充足的阳光，这些条件是父母无力提供的。任凭孩子在其生命的头几年身体遭受摧残，既是一种浪费，也是一件残忍之举，而且由于人们对卫生学和饮食开始有了更好的了解，不应让儿童遭受不必要的损失的要求势必日益增加。当然，所有这类建议的确遭到了政治上的激烈反对。伦敦各自治城区中的富人联合起来，以压制住这种情况，也就是说，确保尽可能不去做能够消除穷人中间的疾病和贫困的事情。当地方官员，比如在波普勒，采用真正有效的措施来减少婴儿死亡率时，他们竟被投入了监狱。① 尽管如此，富人的这种反对屡屡受挫，穷人的健康也正持续得到改善。我们因而完全可以期待，国家在照顾工薪家庭的子女方面的职能在不远的未来，将得到扩大而不是缩减，而父亲的职能将相应地减少。父亲的生物目的，是在孩子弱小无助的年龄保护他们，而当这个生物职能被国家取代时，父亲就失去了存在的理由。因此，我们势必能在资本主义社会，看到社会逐渐分化为两个等级：富人将保留旧有形式的家庭，穷人将越来越指望国家去执行传统上属于父亲的经济职能。

在苏维埃俄国见证了家庭更剧烈的转变，但是，其人口的80%是农民，在这些人当中，家庭仍然和西欧中世纪家庭一样稳固，考虑到这个事实，共产主义理论有可能只影响相对较少的城市居民。因此，我们也许会看到俄国的情形与我们一直在研究的资本主义国家的情形截然相反，即，一方面是废除了家

---

① 1922 年，英国波普勒的婴儿死亡率低于肯辛顿五个百分点；1926 年，由于法律的重新恢复，波普勒的婴儿死亡率高于肯辛顿十个百分点。

庭的上层阶级，另一方面是仍保留着家庭的下层阶级。

还有一个强大的力量正在取消父亲的方向上发挥作用，这就是女人对经济独立的渴望。迄今为止，发表政治见解最多的妇女一直是未婚女子，但这种情况有可能是暂时的。已婚妇女当前所受的虐待比未婚女子要严重得多。人们对待已婚女教师的方式，跟对待那种与男人姘居的女教师完全一样。甚至于女人要想当上公立医院的妇科医生，也非得是未婚的不可。这一切情况的动机，并不是已婚妇女被认为不适宜这份工作，也不是有任何阻碍她们就职的法律规定；恰恰相反，若干年前通过的一项法律明确规定，任何妇女都不得因结婚而失去其就职资格。认为已婚妇女不适合就业的整个动机，在于男性想保持对她们的经济权力的欲望。但是，人们不能假定女人将永久地屈从于这种专制。当然，要找到某个政党去解决她们的问题，还是有点困难的，因为保守党人热爱家庭，工党人士则热爱工人。尽管如此，既然女人是一大选民群体，就不能假定她们将永远屈居于幕后。如果她们的主张得到承认，那就有可能对家庭产生深远的影响。已婚妇女可能有两种不同的方式来取得经济独立。一种是婚后继续从事她们婚前所做的工作。这一点涉及把她们的孩子交给其他人照管，这会导致托儿所和幼儿园的极大增加，其逻辑后果将是母亲以及父亲在孩子心理上的重要性完全消失。另一种方式是，有年幼孩子的妇女如果愿意，将由国家给付工资，去全心全意地照顾自己的孩子。当然，光这样做是不够的，还必须辅之以能使妇女在子女长到一定年龄的时候重操旧业的规定。这样做有一个好处，它能使妇女本人照顾自己的孩子，而无须奴颜婢膝地依赖男人。人们将会承认，而且现在越来越如此，生育孩子在以前不过是性满足的结果，到现在则是一件有意而为的任务，这项任务由于有助于国家的利益而非父母的利益，所以应该由国家支付费用，而不应把这副沉重的担子加在父母身上。最后这一条正在以提倡家庭津贴的形式得到认可，但是尚未得到认可的是，这笔支付给孩子的费用是否只应交给母亲。然而，我们可以推测，工薪阶层争取女权的运动将会达到某个地步，从而使这一点得到承认，并体现在法律之中。

假定这样一部法律获得通过，其对家庭道德的影响，将取决于法律如何制定。法律可以这样规定，一个女人，如果她的孩子是私生子，她就不得领取这笔费用；或者，法律也许规定，如果能够证明她哪怕只犯了一次通奸罪，则费用应该交给她的丈夫而不是她本人。如果法律果真如此，则察访每一个已婚妇女，深入调查她的道德状况，就将成为当地警察的一项职责。其结果也许能极大地净化人，但我怀疑是否每一个被净化者都心悦诚服。我认为，马上就会有人提出一项制止警察干涉的要求，并附带要求，就算是私生子的母亲也应领取津贴。如果这么做了，则工薪阶层中父亲的经济权力将完全终结，而家庭多半也会经过一段时间后不再是双亲结构，父亲身份的重要性也不再比猫狗更强。

然而，现如今在妇女个体方面，常常有一种对家务的恐惧，使我感到，大多数妇女宁可继续从事婚前所做的工作，也不愿领取津贴去照顾她们自己的孩子。将会有足够数量的妇女，为了去看管托儿所中的小孩，而愿意离开自己的家门，因为那是一份职业；但是，我不认为大多数有工作的妇女，如果给予这个选择，会把在家里照顾自己的孩子而领取津贴视为是快乐的，她们情愿出去从事婚前的工作以得到报酬。然而，这纯属个人意见，我也不敢说自己有任何真凭实据。无论如何，看起来如果刚才所说多少有点道理，则已婚妇女中争取女权运动的发展有可能在不远的将来，甚至在资本主义社会的框架里，导致工薪阶层中的父母一方（即便不是双方）失去照顾孩子的权利。

女人对男人统治的反抗，在纯粹的政治意义上，是一项已经实际完成的运动，但在其更广泛的方面，依然处在婴儿期，其较深远的影响将渐次展开。被认为女人能感受到的情感，目前仍是对男人的利益和情绪的一个反应。人们阅读男性小说家的作品时，会以为女人在哺乳婴儿时能得到肉体上的快感，但是，如果问一下你熟识的任何一位母亲，你就会知道，事实并非如此，但是在妇女拥有选举权之前，没有一个男人曾经想到这样做。对于母性的情感，男人一直垂涎已久，他们下意识地在其中看到了他们统治女人的手段，这就要求他们付出相当的努力，才能获知女人在这方面的真情实感。直到不久以前，人们还以为所有正派妇女都是想要孩子而痛恨性的。就算是现在，如果女人坦率地说出她们不想生孩子，许多男人还是会震惊得掉下巴的。其实，男人把向这类女人灌输长篇说教视为己任，这种现象并非不普遍。只要妇女居于从属地位，她们就不敢真实地表露她们自己的情感，而只是展露那些能够取悦男人的情感。因此，我们不能根据迄今一直被认为是女人对孩子的正常态度来做论证，因为我们也许会发现，到妇女获得完全解放的时候，她们的情感通常将与迄今人们所认为的完全不同。我以为，至少就现存的文明而言，文明倾向于大大减少女人的母性感。一般来说，高度的文明在将来不可能维持，除非给予女人一大笔生孩子的费用，从而使她们觉得生孩子是值得作为一门赚钱的行当。如果这样做了，那么，理所当然地，没有必要全部的妇女甚或大多数妇女，都去从事这个职业。它就像其他职业一样，必须以完全的职业精神去做。然而，这些都只是推测，其中只有一点似乎是相当肯定的，那就是，女权运动的充分发展有可能在打破父权家庭方面产生深远的影响，而父权家庭代表着史前时代男人对于女人的胜利。

国家取代父亲的做法，就目前西方社会的发展状况来看，总体而言是一个巨大的进步。它极大地改善了人们的健康，提高了整体教育水平。它减少了虐待儿童的行为，使得大卫·科波菲尔所遭受的那一类痛苦成为过去。它有望继续提高人们普遍的健康和智力水平，尤其是通过阻止因不良的家庭制度所导致的恶果。然而，国家取代家庭的做法，也是有非常严重的危险性的。通常，父母都喜欢自己的孩子，不愿意把他们仅仅视为政治计划的材料，国家则不能指望有这种态度。在公共机构中，实际与孩子打交道的个人，如学校老师，如果不是工作太过度、工资太低，他们也许还能保持类似于父母所具有的那种个人情感。但是教师没有什么权力，权力是属于行政官员的。行政官员从未见过那些由他们控制其生活的孩子，而且，由于属于行政管理类型（否则他们就不会得到现在的职位），他们多半特别容易把人视为某种建筑材料，而不是目的。此外，行政官员总是喜欢统一，因为统一便于统计和分类，如果实现了"正确的"统一，那就意味着，有一大批人成为他们所希望的那种人。所以，交给公共机构管理的孩子，往往差不多是一个模子，而少数不符合公认模式的孩子将受到迫害，迫害不但来自同伴，还来自行政官员。这就意味着，那些具有极大潜力的孩子，其中有许多人将备受折磨，直至他们的精神崩溃。这意味着大多数人，即有幸符合公认模式的人，则将变得非常自负，极具迫害之心，而且完全不能耐心地听取任何新的思想。最重要的是，只要世界仍分为竞争的军国主义国家，则在教育方面用公共机构代替父母，就意味着对所谓爱国主义的强化。所谓爱国主义，就是每当国家一声令下，人们便毫不犹豫地投身于相互残杀的意愿。毫无疑问，所谓的爱国主义，是目前文明所面临的最大危险，任何能增加其毒性的东西，都比瘟疫、灾害和饥荒更可怕。当前，年轻人的忠心是双重的，一方面要忠于父母，另一方面要忠于国家。如果将来他们只忠于国家，那就有严重的理由担心，这个世界会变得比现在还要凶残血腥。因此我认为，只要国际主义问题依然悬而未决，则国家在儿童教育和照顾方面日益增加的分量，就具有极大的危险，乃至危及国家的真正利益。

另一方面，如果一个国际政府得以建立，它能够用法律代替武力来解决国家冲突，情形则将完全不同。这样的政府可以颁布法令，荒谬形式的民族主义不得进入任何一国的教育课程。它可以坚持，每一个地方都应教导人们忠于这个国际性的超级国家，国际主义应该作为一种信念反复灌输，以取代人们现在对于国旗的忠心。在这种情况下，虽然过于统一和过于严厉惩处异己分子的危险仍然存在，但是，提倡战争的危险将会消除。其实，这个超级国家对教育的控制，将是一种防止战争的积极手段。由此得出的结论似乎是，如果这个超级国家是国际性的，则国家替代父亲将有助于文明,但是,只要这个超级国家仍只是民族主义和军国主义的,则这种做法将因战争而增加对文明的危害。现在,家庭正快速衰落,而国际主义却成长缓慢,所以,这种情形值得引起我们严重关切。尽管如此,事情并未到绝望的地步,因为国际主义也许在未来比现在成长得更快。或许幸运的是,我们不能预知未来,因此,我们尽管无权指望,但有权希望:将来胜过现在。

第十六章　离　婚

离婚作为一项制度安排，它出于某些原因而在大多数年代和国家是被允许的。离婚从来都不是旨在产生某种对一夫一妻制家庭的替代形式，而仅仅是为了减轻痛苦，因为有些人由于特殊的原因，已经不能再忍受婚姻的继续了。有关这个问题的法律，在不同的时期和不同的地方都是大不相同的，而且在当前，甚至在美国国内，各州的离婚法也各不相同，从南卡罗莱纳州的不得离婚这个极端到内华达州的极易离婚另一个极端。① 在许多非基督教的文明国家中，丈夫极易获准离婚；而在一些国家，妻子也易于获准离婚。摩西律法准许丈夫以一纸休书休妻；中国的法律也允许离婚，条件是把妻子带来的嫁妆如数退

---

① 在内华达州，以下情况均可作为离婚的依据：执意分居、犯有重罪或丧失廉耻罪、长期酗酒、自结婚日至离婚始终阳痿、极端虐待、一年不提供生活费、精神病达两年以上。参阅《文明中的性》，卡尔弗顿和施尔马豪森编，1929年出版，第224页。

还。天主教根据婚姻乃圣礼而不准许离婚，无论原因如何，但在实践中，如果确有许多证据表明婚姻无效，这种事情还是可以通融的，尤其是涉及大人物的时候。① 在基督教国家，对离婚的宽大程度是与奉行新教的程度成比例的。众所周知，米尔顿曾撰文赞成离婚，因为他是一个虔诚的新教信徒。英国教会在它自认为是新教的时期，曾认可因通奸而可以离婚，但任何其他理由均不行。现如今，英国教会的绝大多数牧师反对一切离婚。斯堪的纳维亚拥有宽松的离婚法，在美国大多数奉行新教的地方同样如此。苏格兰比英国更赞成离婚。在法国，反教权主义使离婚很容易。在苏联，任何一方提出离婚都可获批，但是，由于通奸或私生子在俄国不受社会非难或法律惩罚，那里的婚姻也就失去了它在其他地方所具有的那种重要性，至少适用于统治阶级。

关于离婚，最奇特的一件事情是，法律和习俗之间经常存在差异。最宽松的离婚法绝不是总能产生最大的离婚数量。在近期剧变之前的中国，离婚几乎不为人知，因为虽然有孔子的先例，但离婚仍被认为不是很体面的事。在瑞典，经双方同意便可离婚，这种理由在美国任何一州都是不被认可的。然而，

---

① 人们也许还记得马尔巴勒公爵和夫人一案吧。他们要求宣判他们的婚姻无效，因为公爵夫人是被迫成婚的。这个理由被认定成立，尽管他们已同居多年且有了孩子。

我发现，1922 年，即我有比较数字的最后一年，每十万人口中的离婚数量，在瑞典是 24 宗，在美国是 136 宗。① 我认为法律和习俗之间的这种差异是重要的，因为虽然我倾向于稍微宽松些的离婚法，但是在我的脑海中，只要双亲家庭继续作为标准模式存在，那么，习俗反对离婚就存在着强大的理由，只有稍微极端的情况除外。我持有这个观点，是因为我认为婚姻主要不是性的结合，而首先应是在生育和抚养孩子时进行合作的一种担当。正如我们在前面几章所见到的，人们通常理解的婚姻有可能甚至极有可能在各种以经济因素为首的力量的作用下而破裂，但如果婚姻破裂，离婚也会遭到破坏，因为它是一项取决于婚姻之存在的制度，离婚是婚姻的安全阀。因此，我们当前的讨论，将完全局限在人们所公认的双亲家庭的框架之内。

一般而言，新教和天主教均是从神学罪孽概念的视角，而非从家庭的生物目的的视角看待离婚的。天主教因为主张在上帝眼中婚姻是不可解除的，所以它必然强调，两个人一旦结婚，则任何一方在另一方活着的时候，不能和任何他人有圣洁的性关系，不论他们的婚姻情况如何。新教虽然赞成离婚，但他们

---

① 自此以后，瑞典的离婚和法律无效婚姻数从 1923 年的 1531 宗增加到 1927 年的 1966 宗，而美国每百对婚姻的离婚率从 13.4 上升到 15。

这样做，部分是由于他们反对天主教关于圣礼的教义，部分也由于他们认为，婚姻的不可解除是导致通奸的一个原因，而且他们还相信，较自由的离婚将能减少通奸现象。相应地，人们会发现，在那些婚姻易于解除的新教国家，通奸被认为大逆不道，而在不承认离婚的国家，通奸尽管被认为是有罪的，但有点默认的意味在内，至少对男人如此。在离婚极端困难的沙皇俄国，不论人们如何看待高尔基的政治见解，但没人因他的私生活而不尊重他。在美国则相反，没人反对他的政治见解，但他却因道德的理由而遭到驱逐，而且没有一家旅店给他提供夜宿。

根据理性的理由，不论是新教还是天主教，他们在这个问题上的观点都是不能赞成的。我们先从天主教的观点开始。假设丈夫或妻子在婚后得了精神病，这样的家庭就不能再生孩子了，以前生的孩子也不可与精神病患者接触。因此，即使患有精神病的一方有清醒的时候，父母的彻底分离从孩子的利益考虑也是可取的。若规定在这种情况下，患有精神病的一方决不允许有任何法律认可的性关系，这是荒唐的残忍行为，是与任何社会目的相背离的。留给精神正常一方的是十分痛苦的抉择。他或她可以决定维持原有的婚姻，这是法律和公共道德所希望的；或者倾向于那种不生孩子的秘密性关系；或者过那种明目张胆的姘居生活，不管是否生孩子。对于其中的任何一种方式，都有重大的反对理由。完全节制性欲,尤其是对于一个已经在婚姻中有了性习惯的人而言,是极为痛苦的。它往往导致男人或女人早早衰老。它有可能产生神经错乱,而且在任何情况下,其中所涉及的内心挣扎往往会产生一种令人不快的、充满嫉妒的和脾气暴躁的性格。对于男人,始终有这样一种严重的危险,即他的自控力会突然丧失,导致他出现残暴的行为,因为如果他真的相信一切婚外性行为都是邪恶的,那么,他就有可能在确实寻求这类性行为的时候产生"偷大偷小都是贼"的念头,因而索性抛开一切道德束缚。

第二种选择,即不生孩子的秘密性关系,是我们所讨论的在实践中最普遍采用的一种方式,对于这一点,也有重大的反对理由。任何见不得光的东西都是不可取的,既没有孩子又没有共同生活的性关系是不会有好结果的。此外,如果一个男人或女人年轻而精力充沛,那么对他们说"你们不能再要孩子了",这是不符合公众利益的。对他们来说,法律在事实上的确规定"你们不能再要孩子,除非你选择一个有精神病的人做孩子的父亲或母亲",那就更不符合公众利益了。

第三种选择,即过"公开的姘居生活",这种方式如果可行,其对个人和社会的伤害是最小的,但是,由于经济上的原因,在大多数情况下这是不可行的。一名医生或律师,如果试图过公开的姘居生活,就会失去他所有的病人或顾客,一个在任何一门学术职业中任职的人会立刻丢掉饭碗。① 即使经济状况使公开的姘居生活成为可能，大多数人也将因不利的社会后果而裹足不前。男人都喜欢加入俱乐部，女人都喜欢得到其他女人的尊敬和造访。丧失这些乐趣显然是一件极痛苦的事。因此，公开的姘居生活是难以行得通的，除非是富人、艺术家、作家以及这样的人：所拥有的职业使他们易于过一种漂泊不定、放荡不羁的生活。

由此可知，在任何不允许以精神不正常为由离婚的国家，比如英国，配偶患有精神病的男人或女人就处在一种不堪忍受的境地，除神学迷信外，别无理由赞成这种情况。而且，对精神病适用的，对性病、习惯性犯罪和习惯性酗酒也适用。所有这些，不论从哪种角度看，都是能摧毁婚姻的东西。它们使伴侣生活成为不可能，使生育变得不可取，使孩子和有罪父母的接触成为一件要避免的事。因而，在这种情况下，唯一可用以反对离婚的理由是，婚姻是一个陷阱，用来把粗心大意者骗入炼狱，让他们经受痛苦的煎熬。

当然，遗弃如果属实，那就应该成为离婚的理由，因为在这种情况下，法律条例只不过是把既成的事实——即婚姻事实

---

① 除非他碰巧在一所较悠久的大学任教，且与一位担任过内阁成员的大人物关系密切。

上已经结束——追认一下罢了。然而,从法律角度看这种做法却有一个尴尬之处,因为遗弃如果作为离婚的理由,就会发生连锁反应,使遗弃现象变得十分普遍,比起不以它为离婚理由的时候要普遍得多。其他各种本身就足以有效的离婚理由,也会出现同样的困难。许多已婚夫妇渴望离婚的心情十分迫切,以至于主动去创造法律所承认的一切离婚条件。过去,在英国,一个男人为了离婚,他必须犯有通奸和虐待的行为,于是常常发生这样的事,丈夫跟妻子事先商量好,在仆人面前殴打妻子,以便将来作为虐待的证据。关于两个迫切渴望离婚的人,因法律压力而不得不忍受伴侣生活的痛苦,这样是否完全可取,则是另外一个问题了。但是我们必须坦率地承认,无论离婚的理由如何规定,人们都会利用到极致,许多人会有意照着行事,以便得到这些理由。然而,我们现在抛开这些法律困难不谈,继续深入探究各种在事实上使婚姻的勉强持续变得不可取的情况。

在我看来,通奸本身不应成为离婚的理由。除非人们受到教权停止命令和强烈道德自责的约束,否则,他们极不可能一辈子都从未对通奸产生过强烈的冲动。但这样的冲动绝不必然意味着婚姻不再有其功用。夫妻之间也许仍然有热烈的爱情,而且衷心希望婚姻能够继续。譬如,假设一个男人要出差好几个月。如果他身体机能健全,那么,他会发现这段时间是很难节制自己的性欲的，无论他是多么热爱自己的妻子。这种情况也适用于他的妻子，如果她对传统道德的正确性有所怀疑的话。这类情况下的不忠行为不应构成日后幸福生活的障碍，事实上也不会，只要夫妻俩不认为自己必然会沉湎于闹剧式的嫉妒酒神节中。我们也许可以进一步说，只要夫妻间那种潜在的爱仍然没变，每一方都应能容忍这类暂时的兴致，因为这种兴致总是容易发生的。传统道德歪曲了通奸心理，它认为，在一夫一妻制国家，一个人已经爱上另一个人，就不可能同时对第三者有真正的爱情。人人皆知这不是事实，然而，在妒忌的影响下，每个人都容易退守这一伪理论而小题大做。因此，通奸绝不是离婚的理由，除非在通奸时真的认为第三者比自己的配偶好。

当然，我说这番话是有假定的，即那种私通式性交不是为了生孩子。一旦涉及私生子，问题就复杂得多了，尤其是，如果孩子是妻子所生的，因为在这种情况下，倘若婚姻仍在继续，丈夫就势必会把其他男人的孩子同自己的孩子一块儿抚养，甚至把其他男人的孩子当作自己的孩子（如果要避免丑闻的话）。这违背了婚姻的生物基础，也会带来一种几乎无法忍受的本能紧张。由于这个原因，在避孕法产生以前，通奸或许确实是一件值得重视的事，但是避孕法使人们把性交和诸如生育性伴侣生活这样的婚姻区分开了，变得较以前容易得多。基于这个理由，现在有可能使人们对通奸的重视程度大大低于传统道德中对它的重视程度。

适用于离婚的理由有两类。一类是因为配偶一方有问题，比如精神病、酗酒和犯罪行为；另一类则基于夫妻关系。事情也许是，已婚夫妇任何一方都没什么过失，但却不可能和睦地生活在一起，或者没有某种重大的牺牲便不能共同生活。也可能是，双方都有重要的工作要做，而这种工作要求他们异地生活。事情有可能是，其中一方虽然不讨厌对方，但却对第三方一往情深，乃至觉得婚姻是一种无法忍受的束缚。在这种情况下，要是没有法律介入，憎恨势必接踵而至。其实，正如人人皆知的，这样的情形很可能导致谋杀。婚姻破裂如果是由于双方合不来或某一方对第三者热情似火，那就不应该像现在这样决心予以谴责了。鉴于此，所有这些情形中，最佳的离婚理由是双方自愿。只有当婚姻失败是由于一方确有某种问题时，才应要求除双方同意之外的离婚理由。

在制定离婚法律时的确存在极大的困难，因为无论法律怎样规定，法官和陪审员还是会受各自的情感左右，丈夫和妻子也会做出一切必要之举来绕过立法者的立法意图。尽管在英国的法律中，夫妻之间的任何协议不得作为离婚的依据，然而人人皆知，在实践中常常有这样的协议。纽约州有人走得更远，雇佣证人作伪证，来证明可依法处罚的通奸罪，这样的事并非不常见。虐待在理论上是一个完全充分的离婚理由，但是对虐待的解释可以达到荒谬的程度。一位著名的男电影明星因虐待罪被判处离婚,虐待证据中的一条是,他经常带谈论康德的朋友到家里来。我几乎不敢相信,加利福尼亚州的立法者会以丈夫有时候当着妻子的面谈论知识为由而同意妻子与其丈夫离婚的,为避免这类混乱、欺骗和荒谬的现象,唯一的出路是,在任何情况下,如果没有某种明确和可论证的理由,诸如精神病,来证实一方的离婚诉求,则须经双方同意才可离婚。这样一来,当事人双方就必须在法庭外解决一切经济问题,而且任何一方不必雇佣聪明人来证明对方是不法之徒。我应该补充一句:法律上无效的婚姻,即现在被认定不能进行性交的婚姻,反而应当在未生育子女的时候,而批准解除婚约。也就是说,如果一对没有孩子的夫妇希望分手,他们只要出具一张妻子不能怀孕的医疗证明,就应该能够做到。孩子是婚姻的目的,使人们维持一种没有子女的婚姻,这是一种残忍的欺骗行为。

　　上面所说都是有关离婚法的事情,习俗则是另一个问题。我们已经看到,法律可以使离婚变得容易,尽管如此,习俗却使离婚变得罕见。离婚在美国所以那么频繁,我认为,部分是由于人们在婚姻中所寻求的并不是他们应该寻求的,这个事实进而又部分地由于通奸得不到宽容的事实所致。婚姻应该是一种两方至少在儿女尚幼的时候必须维持的伴侣生活,而不应该当作暂时的苟且之事。假如这种暂时的私情能得到公众舆论或当事人良心的宽容，则每个私情必将开出婚姻之花。这种做法如果进一步发展下去，也许很容易完全摧毁双亲家庭，因为如果一个女人每两年便换一个丈夫，并与每一个丈夫生一个孩子，则这些孩子事实上是没有父亲的，婚姻也就因此失去它存在的理由。我们不禁回想起了圣保罗：与《哥林多前书》中一样，美国人的婚姻被认为是通奸的一种替代形式；因而，每当一个男人如果得不到离婚就会通奸的时候，那他就必须离婚。

如果从孩子的利益出发看待婚姻，就要求一种完全不同的伦理发挥作用。一对夫妻，如果还爱孩子，就应该调整自己的行为，使孩子能够得到快乐和健康成长的最佳机会。这有时候可能涉及相当大的自我克制，而且势必要求双方应该认识到，孩子的要求远在他们自己的浪漫感情之上。但只要父母对子女的爱是真诚的，且伪道德不会燃起妒忌之火，则这一切都会自然而然地发生。有些人会说，若一对夫妇彼此不再热烈相爱，也不阻止对方的婚外性经历，他们就不可能在孩子的教育问题上通力合作。因此，沃尔特·李普曼先生说："彼此不相爱的配偶，在养育孩子一事上，是不会像罗素先生认为他们应该的那样真诚合作的；他们将心不在焉，而最糟的是，他们将仅仅出于职责的考量。"[①] 首先应该指出，这句话有一个可能是无心的

[①]《道德序论》，1929年，第308页。

小失误。不恩爱的夫妻在生育孩子一事上当然不会通力合作，但是他们在孩子出生之后，是不会像李普曼先生所暗示的那样对待孩子的。对于那些具有自然情感的人来说，即使热烈的爱情已经消退，在养育孩子一事上的合作也绝不是一件超人的事。关于这一点，我可以举出我个人知道的大量实例来证明。若说这类父母"只是职责性的"，那是忽视了父母对子女的感情，这种感情，如果是真挚而强烈的，那么，就算那种肉体激情消退很久之后，也能在夫妇之间保持一种牢不可破的纽带关系。人们肯定会推断李普曼没有听说过法国的情形。在法国，家庭稳如泰山，父母尽职尽责，虽然他们在通奸一事上有着特殊的自由。在美国，家庭感情非常淡薄，离婚之频繁就是这一事实的结果。如果家庭感情浓厚，离婚就相对罕见，即使在法律方面离婚很容易。现存于美国这样容易离婚的现象，应该视为一种从双亲家庭向纯母性家庭过渡的一个阶段。然而，这是一个会给孩子带来极大痛苦的阶段，因为在如今这个世界上，孩子都希望有父母双亲，而且在父母离婚之前，孩子可能已经对父亲有了深厚的感情。如果双亲家庭仍被公认为标准模式，则离了婚的父母，除非因重大原因而离婚，在我看来是没有尽到父母职责的。我认为，从法律上强迫维持婚姻有可能于事无补。在我看来，真正需要的是，首先，双方一定程度的自由使婚姻能更持久些；其次，认识到孩子的重要性，目前由于圣保罗和浪漫主义运动，人们对性的强调把这一点盖过了。

我们的结论似乎是，虽然离婚在许多国家（英国是其中之一）是一件过于困难的事，但容易离婚并不能给婚姻问题提供一个真正的解决办法。要使婚姻继续下去，婚姻的稳定对于孩子的利益是很重要的，但这种稳定最好是通过区分婚姻和单纯的性关系以及通过强调其生理方面而非浪漫方面来达到。我不敢断言婚姻可以免除法律义务上的职责。按照我所建议的那种制度，男人的确可以免除夫妻间性忠诚的义务，但如此一来，他们应该负有控制妒忌的义务。美好的生活离不开自我控制，但是，与其约束像爱那样慷慨而广博的情感，倒不如约束像妒忌那样狭隘而憎恨的情感。传统道德的错误，不在于要求自我控制，而在于要求错了地方。

第十七章 人　口

婚姻的主要目的是补充世界的人口。对于这项任务，有些婚姻制度过于尽责，有些又过于不足。正是从这个角度，我希望在本章研究性道德。

在自然状态下，比较大的哺乳动物，每一个都需要相当的面积才能维持生命，因此，大型野生哺乳动物的总数是很少的。牛和羊的数量相当多，但那是由于人的作用的结果。人的数量是任何其他大型哺乳动物所不可比拟的。当然，这是由于我们有技能的缘故。弓箭的发明、反刍动物的圈养、农业的肇始以及工业革命，这一切都增加了每平方英里所能养活的人口数量。这最后一种经济进步，正如我们从统计中知道的那样，就是出于这个目的而被利用的，其余几项完全有可能也是这个目的。人类的智力用于增加人口超过用于任何其他目的。

诚然，正如卡尔·桑德斯先生指出的，按照通例，人口通常没有多大变化，19世纪所出现的人口增加是一个极例外的现象。我们可以推测，当埃及和巴比伦利用灌溉、精耕细作的时候，也出现过类似的情况。但是各个历史时期，这种情形似乎再没有了。所有对19世纪以前人口的估计都是推测性的。但在这一点上，那些估计全都是一致的。所以，人口的快速增加是一种罕见和例外的现象。如果说现在大多数文明国家的人口再次趋于变得稳定——事情似乎就是如此，那只意味着这些国家已走出非常状态，而回归到人类的一种常态。

卡尔·桑德斯先生那部论人口的著作，最大的贡献在于它指出，自动控制在几乎所有的时期和地方都发挥了作用，而且在保持稳定的人口方面比通过高死亡率来减少人口更为有效。在这方面，他可能有点言过其实了。例如，在印度和中国，阻止人口十分快速增加的，似乎主要是高死亡率。这方面的统计资料在中国阙如，但在印度是存在的。在印度，人口出生率极高，然而正如卡尔·桑德斯先生本人所指出的，其人口的增加比英国的还稍微缓慢些。这主要是由于婴儿的大量死亡、瘟疫和其他严重疾病所致。我相信，如果有统计数据的话，中国也会显示出一种类似的情况。然而，除了这些重要的例外情况，卡尔·桑德斯先生的论点总体上无疑是正确的。人们使用过各种限制人口的方法，其中最简单的莫过于杀婴，在宗教不干涉的地方，杀婴大规模地存在过。有时候，这种做法得到了坚定的支持，以至于人们在接受基督教时，坚持要求基督教不得干涉杀婴行为，① 杜尔霍波人曾因拒绝参军而与沙皇俄国产生冲突，其理由是人类是神圣的，后来又因赞成杀婴而与加拿大政府发生冲突。然而，其他的方法也很普遍。在许多种族中，妇女不仅在怀孕期间，而且在哺乳期间戒除性行为，为时往往长达二三年。这必然会极大地限制她的生育能力，尤其是在野蛮人中，因为野蛮人比文明人衰老得快得多。澳大利亚土著做一种异常痛苦的手术，能够极大地减少男性的生殖能力，并显著地限制人口的生育。我们从《创世纪》② 中可知，在古代至少有一种明确的节育方法为人所知并加以实行，但犹太人不赞成这种方法，他们的宗教始终是非常反马尔萨斯的。通过这些不同方法的使用，人类避免了因繁殖过快而导致的饥荒，进而避免了因饥荒而导致的大量死亡。

尽管如此，饥荒在控制人口方面发挥了重要的作用，或许，饥荒的作用在完全原始的条件下不如在不太发达的农业社会中那么大。1846～1847年，爱尔兰爆发了十分严重的饥荒，自此之后，爱尔兰的人口再也没有达到大饥荒以前的水平。俄国饥荒频发，我们每个人对1921年的饥荒至今记忆犹新。1920年我

---

① 例如，冰岛就发生过这种情况。卡尔·桑德斯，《人口》，1925年，第19页。
② 《创世纪》，第33章第9、10节。

在中国的时候,该国有很多地方遭受了一场严重程度与俄国的1921年的饥荒不相上下的饥荒。但是,中国灾民得到的同情比俄国灾民要少得多,因为他们的不幸不能归咎于共产主义。上述事实表明,人口有时候的确会增加到甚至超出所能供养的极限。然而,这种情况尤其容易发生在食物突然和猛烈地减少的地方。

凡是信仰基督教的地方,基督教一概取消了除节欲外一切限制人口增长的方法。杀婴行为当然是要禁止的,堕胎也是如此,一切避孕措施概莫能外。诚然,牧师、僧侣和修女都是信守独身的,但我不认为他们在中世纪欧洲的人口中所占的百分比有英国当今的未婚女性那么大。因而,他们在限制生育方面并不具有统计上的重要性。因此,中世纪与古代各时期相比,因贫穷和瘟疫而导致的死亡率大概要高些。中世纪的人口增长得十分缓慢,18世纪的人口增长率稍微高了一点,但是到了19世纪,情况发生了相当异常的变化,人口增长率达到了以前大概从未达到过的最高峰。据估计,1066年,在英格兰和威尔士,每平方英里有26人;1801年人数增至153人;1901年则增加到561人。因此,19世纪期间人口的绝对增加,几乎四倍于从诺曼底人征服英格兰时期(约1066~1088年——译注)起到19世纪开始时止的人口增长。英格兰与威尔士人口的增加并没有给出一幅充分的事实图景,因为在此期间,不列颠民族正大肆向以前由少数野蛮人所居住的大块领土殖民。

没有什么理由要把这种人口的增加归因于出生率的提高。相反，可归结为死亡率的下降。死亡率的下降，部分是由于医学的进步，但更重要得多的，我认为是由于工业革命带来的日益提高的繁荣水平。从英国开始有出生率记录的1841年时起，一直到出生率几乎不变的1871～1875年止，出生率稳定提高，至该时期后段达到了35.5%的最高点。在这个阶段发生了两件大事。第一件是1870年的《教育法案》；第二件是1878年布拉德拉夫因宣传新马尔萨斯学说而被提起公诉。结果，人们发现，出生率从那时候起开始下降，起初很缓慢，后来则是灾难性的。《教育法案》开始给人们提供节育的动机，因为孩子不再是一种有利可图的投资了，而布拉德拉夫则提供了节育的手段。在1911～1915年的5年间，出生率降至23.6%，在1929年的第一季度则降低到16.5%。英国的人口因为医疗和卫生的改善，目前仍在缓慢增加，但正快速向一个不变的数字趋近。① 众所周知，法国的人口保持稳定已有相当的时间了。

出生率的下降在整个西欧一直是相当普遍和非常迅速的，仅有的例外是葡萄牙一类的落后国家。出生率下降在城市比在

---

① 1929年一季度，人口骤减，但这完全是流感所致。参见《泰晤士报》，1929年5月27日。

农村更明显。这种情况最初只是出现在富人中间，但现在已经蔓延到市镇和工业区里的所有阶层。出生率在穷人中间仍比在富人中间高，但是，伦敦最贫穷的城区现在的出生率比最富裕的城区十年前的还要低。人人皆知（虽然有些人不承认），这种下降是由于避孕法的使用和人工流产所致。至于出生率下降为什么应该在它导致人口平稳的时候而停止，那是没有什么特别的理由的。它可能会继续下去，直到人口开始减少，其最终的结果可能是（我们不敢断言），大多数文明人种的实质灭绝。

要想使我们对这个问题的讨论产生良好效果，有必要先弄清楚我们的目的何在，在任何特定的经济技术状态下，都存在着卡尔·桑德斯所说的最优人口密度，即能给予每人最大收入的密度。如果人口降至这个水平之下或升至这个水平之上，则一般的经济福利水平就会减少。宽泛地说，经济技术每前进一步，都能提高最优人口密度。在狩猎时代，每平方英里一人大约是合适的，而在发达的工业国家，每平方英里数百人也可能没有过多之虞。有理由认为，自欧战以来，英国的人口是过密的。但人们不能说法国也这样，美国更不是这样了。但是，法国或实际上西欧任何一国都不大可能因人口的增加而提高他们的平均收入。既然如此，从经济角度看，我们没有任何理由希望人口增加。那些怀有这种希望的人通常受国家军国主义的动机所激励，而且他们所希望的人口增加也不是持久的增加，因为一旦他们能得到梦寐以求的战争，这种欲求便消失得无影无踪。因此，这些人的实际立场是，与其通过避孕法倒不如通过战场上的死亡来控制人口。凡是想明白了这一点的人都不会持有这种观点，而那些似乎持有该观点的人，实在是由于脑子稀里糊涂所致。抛开有关战争的争论不谈，我们有种种理由庆幸，生育控制方法正在使文明国家的人口变得平稳。

然而，如果人口真的减少，那就完全是另一回事了，因为人口减少如果继续不加以遏制，就意味着人种的最终灭绝，而且我们是不会希望看到大多数文明人种从世界上消失的。因此，仅当能够采取步骤去限制避孕法的滥用，从而使人口保持在大约现在的水平，避孕法的使用才是受欢迎的。我不认为在这一点上有任何困难。限制家庭人口的动机，虽然不是全部，也主要是经济上的，而且，通过减少孩子的费用，或者在必要的情况下，通过使孩子成为父母收入的实际来源，人口出生率是能够提高的。然而，在当今民族主义甚嚣尘上的世界，任何一项此类措施都具有极大的危险性，因为它会被用作一个获取军事优势的手段。人们能够想象，如果各主要军事国家，在军备竞赛之外又增加了以"大炮必有炮灰"为口号的人口繁殖竞赛，那会是怎样一幅景象。这样，我们再次面临着若想文明存续，就绝对需要一个国际性的政府。这样一个政府，若想有效地维护世界和平，就必须颁布限制人口出生率的法令，从而约束任何军事国家的人口增加。澳洲和日本之间的敌视例证了这个问题的严重性。日本人口增加得非常迅速，而澳大利亚的人口（移民除外）增加得相当缓慢。这导致了一种极难解决的对峙情绪，因为双方在争执时，都能诉诸显然正当的原则。我想，人们可以设想，要不了多久，整个西欧和美国的出生率将使他们的人口不再增加，除非各国政府采取确实的措施达到这个目的。但是，不能指望各军事大国在其他国家通过简单的繁殖办法来逆转权力平衡的时候会坐以待毙。因此，任何一个想要顺利履行其职责的国际权力机构，必须把人口问题纳入考虑之列，必须坚持在任何不顺从的国家进行计划生育的宣传。舍此则不能保证世界的和平。

所以，人口问题是双重的。一方面，我们必须防止人口的过快增长，另一方面，我们也须防止人口的减少。前者的危险是旧有的，而且存在于葡萄牙、西班牙、俄国和日本等许多国家。后者的危险是新出现的，到目前为止只存在于西欧，也将出现在美国，如果美国单靠生育来增加人口的话，但是，迄今为止的移民使得美国人口的增长至少像期望的那么快，尽管在本土出生的美国人中间的出生率非常低。这个新危险，即人口递减的危险，是跟我们祖先的思维习惯不契合的。它已经遇到了道德的训诫以及反对节育宣传的法律。这样的方式正如统计所显示的那样是完全无效的。避孕法的使用，已经成为所有文明国家的常规做法的一部分，它在现在是不可能被根除的。对于与性有关的事实不能直面以对的习惯，在各国政府和重要人物那里是如此的根深蒂固，这种习惯是无法指望一夜之间消失的。然而，这是一种非常不可取的习惯，但我认为，人们也许可以指望，等到如今这帮年轻人取得重要位置的时候，他们在这方面会强于他们的父辈和祖辈。人们也许希望他们会坦率地承认避孕作法的必然性及可取性，只要它们不使人口减少便可。在任何一个面临人口实际减少的危险的国家，正确的行动方向显然是开展实验，逐步减少有关孩子的财务负担，直到使出生率达到能够维持现有人口的那一点为止。

在这种关系中，有一个要求我们现有的道德标准做出有效改变的方面。目前在英国，女性比男性多出大约两百万，法律和习俗指责这些人不生孩子，这对于她们中的许多人来说无疑是一个巨大的损失。如果习俗能够宽容未婚母亲，使她们的经济状况过得去，那么，毋庸置疑，在当前被指责为独身的女人中，有许许多多的人会生孩子。严格的一夫一妻制是建立在两性人数大致相等的假设之上的。在不是这种情况的地方，这对于那些因男女人数不匹配而被迫独身的人而言是相当残酷的，而在有理由渴望出生率增加的地方，这种残酷是不符合个人以及公众需要的。

随着知识的增加，通过有意识的政府行动，越来越有可能控制住那些迄今看似自然力的力量。人口的增加是其中之一，自有基督教以来，这一直是通过盲目的本能作用进行的。但是，必须有意识地控制人口的时候正迅速趋近。然而，在这件事上，正如在前面所说的由国家掌控孩子一事上那样，我们发现，国家干涉若要有益无害，就应该由一个国际性的政府，而不是当今彼此竞争的军国主义国家进行。

第十八章 优生学

优生学是用精确细致的人为方法，去改良人种生理特性的一种尝试。其依据的思想是达尔文主义，而且再恰当不过的是，优生学会主席是查尔斯·达尔文的一个儿子；但是，优生学思想更为直接的先驱，是着力强调人类造诣中遗传因素的弗朗西斯·高尔顿。在我们的时代，尤其是在美国，遗传已经变成一个派别问题。美国的保守主义者强调，成年人最终的性格主要是先天的特征所致，相反，美国的激进主义者则强调教育万能，与遗传无关。我既不能赞同这两种极端观点中的任何一种，也无法赞同他们所共有的且引发他们截然对立的偏见的前提，即，意大利人和南斯拉夫人之类的人，比美国土生土长的三K党人还要低劣。关于人的智力能力，迄今尚无任何资料明确哪部分归结于遗传，哪部分归因于教育。若想科学地确定此事，就必须把数千对新出生的双胞胎分开，再用尽可能不同的方法教育他们才行。然而，目前这种实验是不可行的。我本人相信（我承认这并不科学，且完全依据印象），任何人都可能会被坏的教育毁掉，事实上几乎人人如此，那么，唯有具备某些天分的人才能在不同的方向上取得大成就。我不相信教育能使普通的孩子变成一流的钢琴家；我不相信世上最好的学校能使我们大家成为爱因斯坦；我不相信拿破仑在天赋方面不如在布里耶那的同学高，而且只是通过观察他母亲管教桀骜不驯的子女，就学到了战略思维。我确信，在这些例子中，必有天赋成分才能使教育创造出比一般材料更好的结果，这在一切有关能力的问题上都是如此，只是不那么明显罢了。实际上，有显而易见的事实指向这个结论，比如，通过一个人的大脑形状，一般都能看出他是聪明还是愚蠢，这几乎不能认为是教育所赋予他的特点。现在再研究一下相反的极端，即白痴、呆子和弱智。即使最捕风捉影的优生学反对者也不否认，白痴至少在大多数情况下是先天的，对于任何具备统计对称感的人来说，这意味着在相反的那一端，也应有相应比例的人具备异常出色的能力。于是我立即推断，人在先天智力方面是各不相同的。我还将推断聪明人优于蠢人，当然，这或许没那么有把握。这两点如果得到承认，就为优生学奠定了基础。所以，我们无论对某些优生学提倡者的一些具体内容做何感想，都绝不可对优生学的整个立场嗤之以鼻。

在优生学问题的论著中有格外多的废话。大多数优生学提倡者在其健全的生物学基础之上，添加了某些具有一种不那么可靠的社会学命题。譬如，德行是和收入成正比的；贫穷的继承（唉，太普遍了！）是一种生物现象，而不是法律现象；因此，如果我们能引导富人而非穷人去生孩子，那人人都会成为富人。人们太计较穷人比富人更能生育这一事实了。我是无法强迫自己把这个事实视为是令人遗憾的事，因为我看不出富人在什么方面优于穷人。就算这事真的令人遗憾，也不会是一件遗憾得不得了的大事，因为穷人和富人实际上只有几年的差距。穷人的人口出生率正在下降，而且与富人9年前的出生率不相上下。① 诚然，有某些因素会造成这种不应有的出生率的差别。譬如，当政府和警察当局设置节育信息获取渠道上的障碍时，结果就是，那些智力低于某一水平的人得不到这种信息，而行政当局针对其他人的企图就不会奏效。结果，一切反对传播有关避孕知识的做法，导致愚者的家庭人数比智者的更多。然而，看起来这可能只是一种十分短暂的因素，因为过不了多久，就连最愚蠢的人，也将要么获得节育的知识，要么将会发现人们正自愿去做人工流产，我担心这是当局愚民政策的一个

---

① 朱利叶斯·沃尔夫，《新的性道德和我们现代的生育问题》，1928年，第165-7页。

相当普遍的结果。①

优生学分为积极的和消极的两种。前者涉及对优良人种的鼓励，后者涉及对不良人族的劝阻。后者在目前更为可行。其实，消极的优生学在美国的某些州取得了长足进展，而在英国，减少不健全人已列入最近将实施的政策之中。对于这样一种人们会想到的措施进行反对，我相信是没有正当理由的。众所周知，智力低下的女人容易生出通常来说都对社会毫无价值的大量的私生子。这些女人如果绝育，她们本人将会快乐些，因为她们怀孕并不是出于任何喜欢子女的冲动。当然，这也适用于智力低下的男人。诚然，在现有制度中存在严重的危险，因为当局可能轻易地就能把任何不寻常的意见，或者任何反对当局的意见，视为是智力低下的标志。然而，这些危险大概是值得去冒的，因为十分清楚，可以通过这样的措施大大减少白痴、呆子和低能者的人数。

在我看来，绝育的措施应该十分明确地局限于有智力缺陷的人。我不能赞同爱达荷州那样的法律，该州法律允许对"智

---

① 根据朱利叶斯·沃尔夫（同上，第6页以下），人工流产在导致德国出生率下降方面扮演着一个比避孕法更重要的角色。他估计，目前德国每年有60万例人工流产。因为流产不作登记，大英帝国的情况更难得出相关的数字，但有理由认为，英国的情况与德国的情况差异不是非常大。

力缺陷者、疯癫病患者、习惯性罪犯、道德堕落者和性反常者"的绝育。后两类人的概念十分笼统,在不同的社会有不同的界定。若依照爱达荷州的法律,则不允许生育苏格拉底、柏拉图、恺撒与圣保罗均可证明是正确的。此外,习惯性罪犯也许极可能是某种功能性神经紊乱的受害者,这种病至少在理论上是可以通过精神分析医治的,而且很可能不会遗传。英美两国在制定有关这类问题的法律时,均忽视了精神分析专家的工作,他们因而仅仅依据病状有些相似而把完全不同类型的紊乱杂症凑在一起。也就是说,他们落后于这个时代的知识差不多30年。这例证了一个事实,即在所有这类问题上,在相关科学得出稳定的结论且结论至少数十年未被驳倒之前,制订相关法律都是很危险的,因为如果不是这样,错误的理念将具体体现在法律条文之中,并因而讨得官员的喜欢,结果是极大地阻碍了更佳理念的实际运用。在我看来,精神缺陷是目前唯一足够明确地可以被安全地编入这个领域中的法律的疾病。它可以用一种官方也不会有异议的客观方法加以确定,而比如道德败坏,则是一个见仁见智的问题。对于同一个人,甲可能以为是一个道德败坏者,乙则认为是一位预言家。我不是说,法律不应该在某个未来时候加以扩大,我只是说,我们目前的科学知识尚不足以实现这个目的,而且,当一个社会容许道德非难带上科学的假面具,就像美国各州中毫无疑问发生过的那样,那是十分危险的。

我现在谈一谈积极的优生学。积极的优生学具有更有趣的可能性,不过,这些可能性属于未来的事情。积极的优生学是一种鼓励健全的父母生育众多子女的尝试。目前的实际情况普遍与此相反。譬如,一名异常聪慧的小学生,将来会进入职业阶层,因而很可能到35岁或40岁才结婚,而那些和他一起长大的智力平平的人,大约25岁就会结婚。教育费用在职业阶层中是一个沉重的负担,因而导致他们不得不极严格地限制家庭人口。他们的平均智力水平大概略高于大多数其他阶层,所以这种限制是令人遗憾的。处理这种情况的最简单的措施,是向他们的子女提供免费教育直到大学毕业。泛泛地说,就是应该根据他们父母的造诣而非孩子本人的成绩提供奖学金。这还有一个附带的好处,即免得大家死记硬背和过分用功,这种弊病当前导致大多数极聪明的年轻人,因在21岁之前过分紧张而使智力和身体均受到损害。然而,若要国家采取任何真正有效的措施,使职业阶层多生孩子,这在英国或美国大概都是不可能的。这方面的障碍是民主主义。优生学理念建立在人皆不平等的假定上,而民主主义则建立在人皆平等的假定上。因而在一个民主社会,如果优生学理念采取的形式不是暗示世上有极少数像白痴那样的劣等人,而是承认有极少数优等人,那么在政治上推行这种理念是非常困难的。前者可以讨好多数人,后者则令多数人讨厌,所以,体现前一个事实的措施能够赢得多数人的支持,而体现后一个事实的措施则不能。

尽管如此,每一个思考过这个问题的人都知道,尽管目前难以确定什么人属于最优良的人种,然而这方面存在差异是毋庸置疑的,这些差异在不久之后科学有望能够度量出来。想象一下,如果一个农夫被告知,他必须给他所有的公牛犊均等的机会,他会有什么感想吧。事实上,用来做种牛的牛犊,是根据他母系祖先的产奶质量而精挑细选的(顺便提一下,因为科学、艺术和战争不为牛类所知,则显著的优点只在雌牛方面,雄牛充其量是雌牛的优点的传达者)。通过科学繁育,所有的家畜都得到极大的改良,人类能否通过类似的方式而得到理想的改良,这是一个不容讨论的问题。当然,很难确定我们理想中的人究竟是什么样的。有可能是,如果我们把身强力壮当成繁育人口的目标,我们就可能降低人类的智力。有可能是,如果我们把智力当成目标来繁育人口,我们也许会使他们更易得各种疾病。可能是,如果我们寻求产生情感平衡,我们或许会毁灭艺术。在所有这些问题上,必要的知识均不存在。所以,在当今时代就在积极的优生学方面大费周章是不可取的。但是,在接下来的一百年内,遗传学和生物化学将取得长足的进展,繁育出大家公认为优于现有人类的人种,也许并不是难事。

然而,应用这类科学知识时,要求家庭制度进行更激进的剧烈变革，其激烈程度要超过本书前面所提到的任何改革。如果科学生育得到彻底执行，则为了繁育的目的，有必要从每代人中选出大约2%或3%的男子和大约25%的女子。大概在青春期要做一次检查，所有不及格的人均禁止生育。那时，父亲和他的子裔没有更多的联系，就像现在公牛或公马与其后代的关系一样。母亲将成为一个专门职业，其生活方式有别于其他的女性。我并不是说，这种情况将会发生，更不是说我希望它发生，因为我坦诚这种事将是格外不得人心的。尽管如此，当客观地探讨此事时，可以看出，这样的计划可能会产生异乎寻常的结果。为便于论证，我们不妨作一番假设：假如日本采纳了该计划，那么三代以后，大多数日本人将像爱迪生一样聪明，像职业拳击手一样强壮。与此同时，如果世界上的其他各民族继续顺其自然地发展，那么，他们在战争中肯定打不过日本人。无疑，日本人在达到这种能力程度之后，会想方设法地雇佣其他某民族的男人做士兵，并依靠他们的科学技术来取得他们自信非他们莫属的胜利。在这样一种制度下，盲目献身国家的观念将轻而易举地被灌输到年轻人的脑子里。谁敢说这种发展在将来不可能发生？

有一种优生学在某些类型的政治家和政论家中间十分流行，它也许可称之为人种优生学。人种优生学包括这样的论点，即某个人种或民族（作者当然归于此列）大大优于所有其他人种或民族，因而应该动用武力，通过牺牲劣等种族来增加它的人口。这方面最突出的例子，莫过于美国的"北欧人宣传"，宣传已经成功地获得立法者在移民法中的认可，这种优生学可以诉诸达尔文的适者生存原理。然而，足够怪异的是，其最热心的提倡者却认为达尔文的学说是非法的。与人种优生学有密切关系的政治宣传多半是不可取的，但我们不妨先忘记这一点，探讨一下人种优生学有益的一面。

在极端情况下，一个人种优于另一个人种是没什么可怀疑的。北美、澳大利亚和新西兰对世界文明的贡献，肯定大于它们一直被土著居民居住时的情况。没有任何可靠的依据认为黑人平均而言劣于白人，尽管对于热带地方的工作，黑人是不可或缺的，所以黑人的灭绝（抛开人道主义问题不谈）是十分不可取的。但是，当涉及在欧洲民族间做一番区分时，则非得用大量的伪科学来支持政治偏见不可。我也看不出有任何有效的根据，认为黄种人在任何程度上劣于我们高贵的白种人。综上所述，人种优生学纯粹是沙文主义的一个借口而已。

朱利叶斯·沃尔夫[1]给出了一张表，列明了所有有统计数据的主要国家中每千人的出生数多出死亡数的数字。法国最低

---

[1] 朱利叶斯·沃尔夫，《新的性道德和我们现代的生育问题》，1928年，第143-4页。

(3.3)，美国其次（4.0），接下来依次是瑞典（5.8）、英属印度（5.9）、瑞士（6.2）、英国（6.2）。德国为7.8、意大利10.9、日本14.6、俄国18.5，厄瓜多尔以23.1居世界第一。中国没有出现在表中，因为没人知道中国的实际情况。沃尔夫得出的结论是，西方世界将被东方世界，即俄国、中国与日本压倒。我不打算通过把我的信念建立在厄瓜多尔上来反驳他的观点，相反，我要指出，他关于伦敦富人和穷人中间的相对出生率数字（前面已经引证），表明前者现在的出身率已经低于后者几年前的出生率了。这种情况也适用于东方，只是时间间隔更长一些：随着东方的欧美化，它的出生率将不可避免地下降。一个国家除非实现了工业化，否则不可能在军事意义上变得可怕，而工业化会产生一种限制家庭人口的意识。因而我们不能不得出结论：不但西方沙文主义者（在前德皇恺泽之后）所担心的东方优势即使真的出现，也不会造成任何大的不幸，而且，没有任何确凿的证据表明这种事情将会发生。尽管如此，在比如一个国际性的权力机构能够制定出各国人口许可增长配额这样的时刻出现之前，战争贩子大概还是会继续贩卖这种妖魔论调的。

在这里，如果科学不断进步，而国际无政府状态持续，人类又会遇到新的危险。这种危险我们在前面已经提到过两次。科学能够使我们实现我们的目的，但如果我们的目的是恶的，那结果就是灾难性的。如果世界仍然充满了怨恨和仇恨，则科学越发展，世界就会变得越可怕。因此，减少这些不良情绪的毒性，是一件关乎人类进步的至关重要的大事。这些不良情绪的存在，在极大程度上是错误的性伦理和糟糕的性教育带来的。为了人类文明的未来，一种新的和更好的性伦理是绝对必要的。正是这个事实，使得性道德的改良成为我们时代生死攸关的需要之一。

从个人道德的立场看，性伦理如果是科学的和非迷信的，就会把优生学排在第一位。也就是说，无论怎样放宽现有的性交限制，一对尽职自觉的夫妇，如果对他们后裔的可能价值没有作最严肃的思考，是不会开始生儿育女的。避孕法已经使生育变成自愿的，而不再是性交的自然结果。因为我们前几章已经讨论过的各种经济原因，有可能的是，将来父亲在子女的教育和抚养一事上不如过去那么重要了。所以，关于为什么一个女人应该选择她的情人或伴侣作为她孩子的父亲，将不需要任何令人信服的理由了。在将来，女人也许无须在幸福方面做出任何大的牺牲，便可轻易根据优生学的考虑，来选择她们的孩子的父亲，同时在寻常的性伴侣方面，允许她们自由支配自己的私人感情。对男人来说，甚至更容易为他们的孩子选择合适的母亲。像我一样，许多人认为，性行为仅当涉及孩子时才与社会有关。他们肯定能从这个前提得出关于未来道德的两个结论：一方面，不产生孩子的爱情应该是自由的；另一方面，生孩子应该是一件根据道德考量进行远比现在仔细得多的规划的事情。然而，相关的道德考量将多少与迄今所公认的不同。为了使某一给定情况下的生育被认为是合乎道德的，应该由牧师宣读的某些誓词，或者由登记官起草的某种证书，将不再是必要的了，因为没有任何证据证明这样的行为会影响后裔的健康与智力。有必要考虑的将是，特定男女就他们本身和遗传因素看应该有可能生出令人满意的孩子。等到科学能够对这个问题给出比现在更为肯定的答案之时，社会的道德感从优生学角度看有可能变得更准确。那时，人们将争相寻求具有最优遗传特性的男人当父亲，而其他的男人，虽然可选择作为情人，但也许会发现在生育方面是不能入选的。迄今为止的婚姻制度，已经使任何此类计划与人的天性相对立，所以，践行优生学的可能性被认为是极为有限的。但是，没有任何理由推断，人的本性将来仍会造成类似的障碍，因为避孕法正在把生育和无孩子的性关系区分开来，而父亲与他们的孩子在将来不大可能有过去那样的个人关系。如果世界在伦理道德方面变得更科学，那么，道德家过去给婚姻所赋予的严肃性和高尚的社会目的就只能赋予生育方面了。

这种优生学观念虽然肯定以某些非常讲究科学的人们的个人伦理作为开始，然而有可能变得越来越普及，直到最后它开始体现为法律，其形式推测起来不外乎对满足需要的父母予以金钱奖励，而对不满足需要的父母予以金钱惩罚。

这种允许科学对我们私密的个人冲动进行干涉的思想，毫无疑问是不得人心的，但这种干涉将远远比不上人们长久以来对宗教干涉的容忍。科学在世界上尚属新生事物，还不拥有应归于传统的威信以及宗教对我们大多数人的早期影响力，但它完全能够获得相同的威信，也完全能够使人们像对待宗教戒律所特有的态度那样心悦诚服。的确，后代的幸福这个动机是绝不足以控制住情欲高涨时刻的普通人的，但如果有一种公认的建设性道德，它不但有舆论上的褒贬，还有经济上的奖罚，而这种动机成为该道德的一部分，那么它很快就会被人接受，作为一种任何品行端正的人都不敢忽视的考虑因素。宗教在历史的曙光出现之前就已存在，而科学最多不过400年的历史。但当科学变得历史悠久而受人尊敬的时候，它也会像宗教那样左右我们的生活。我预见到有朝一日，所有关心人类精神之自由的人，都不得不奋起反抗科学的专制。虽然如此，如果将来有专制，倒不如科学的专制为好。

第十九章 性与个人的幸福

在本章,我想把以前各章就性与性道德对个人幸福和福祉的影响所讨论的东西简要重述一下。在这个问题上,我们关心的不仅仅是人生中的性活动时期,也不仅仅是真正的性关系,性道德影响儿童期、青春期,甚至于老年期,方式各种各样,好坏视情形而定。

传统道德是通过在儿童期强加各种清规戒律开始发挥作用的。在很小的时候,孩子就被告诫说,不要当着成年人的面触摸某些身体部位。他还被告知,表达排泄欲望时要轻声细语,大小便时不要让人看见。因此,某些身体部位和某些行为具有某种不易被小孩子理解的特殊性质,这使孩子感到神秘,并产生特别的兴趣。对于某些知识性的问题,比如婴儿从何而来,孩子必须暗中默想,因为大人给的答复不是闪烁其词,就是纯属编造。我知道的一些绝称不上老的人,在婴幼儿阶段,如果被看见用手触摸某些身体部位，就会立刻受到极为严厉的呵斥："你这样，还不如死了算了。"我只能不无遗憾地说，这种影响在产生此后生涯的道德方面，并不总是完全像传统道德家所希望的那样。恐吓是人们常用的手段。过去常用阉割来吓唬孩子，现在或许不那么普遍了，但是，用得精神病的话来吓儿童，却仍被认为是完全适当的。其实，在纽约州，不让孩子知道他会有这方面的危险是违法的，除非孩子自己知道这种事的危险性。这种教育的后果是，大多数孩子在极小年纪便产生一种很深的与性事物有关的犯罪感和恐惧感。性跟犯罪和恐惧的这种关联如此之深，以致变成几乎或完全是下意识的。但愿能够在那些自信已经不受这类童话所左右的人们中间作一番统计调查，了解一下他们是否敢于在雷雨大作的时候像任何其他时候一样进行通奸。我相信，其中有90％的人打心眼认为，如果他们那个时候这么做是会遭天打雷劈的。

色情虐待狂和受虐狂，虽然在一般情况下表现正常，但是在恶性大发的时候，却是和性犯罪感有关的。色情受虐狂者对于他自己与性有关的罪过感受极深。色情虐待狂者认为女人都是妖妇。这些在以后生活中的后果表明，过度严厉的道德教育在儿童期所产生的早期印象何等深远。在这个问题上，那些与儿童教育有关的人，尤其是负责照管幼儿的人，现在正变得开明起来。但不幸的是，法庭尚无开明的迹象。

第十九章 性与个人的幸福

童年和少年构成人生的一个重要时期，在这一时期，恶作剧、顽皮和叛逆是自然的、自发的，用不着大惊小怪，孩子不要做得太过就行。但是，成人对违反性禁令行为的处置，完全不同于任何其他犯规行为，因而孩子会觉得违反性禁令的行为属于一个完全不同的范畴。如果孩子从食品柜里偷水果，你也许会气恼，也许会大声责骂他，但你不会感到任何道德上的恐怖，也不会让孩子觉得他犯了大错。另一方面，如果你是一个老派的人，当你发现孩子在手淫，那么在你斥责他的口气中，会有一种他在做其他错事时绝不会听到的声调，这种声调会产生巨大的恐惧，而且这恐惧会越来越强烈，因为孩子大概发现很难抑制这种引起你痛斥的行为。孩子对你的急切之情留下了深刻的印象，他会深切地相信手淫真的像你所说的那么坏。尽管如此，他还是忍不住手淫。病根就这样落下了，这病根大概会伴随他一生。从很小的年纪时起，他就把自己视为一个罪人。他很快便学会去秘密地犯罪，并发现这能聊以自慰，因为事实上没人知道他的罪孽。由于很不快乐，他会寻找机会对世人报复，惩罚那些对此类罪孽隐藏得不如他巧妙的人。由于小小年纪便习惯于骗人，长大之后他会发现，不费吹灰之力就能行骗了。虽然他的父母想使他成为有道德的人，但由于方法不当，结果这个孩子反而变成了一个有病态内向性格的伪君子和迫害狂。

应该占据孩子的生活的，不是罪恶、羞愧与恐惧，他们应该是活泼、愉快和发乎自然的，不应该畏惧自己的冲动，他们不应该害怕探索自然的事实，不应该把他们的一切本能生活隐藏在黑暗之中，不应该把那些即使尽最大努力也无法遏制的感情冲动埋藏在潜意识的深处。如果想让他们成长为正直的男女，在智力上诚实，在社会上无畏，在行动上有力，在思想上宽容，我们必须从小就训练他们，使这些结果成为可能。人们一直把教育想象得跟训练熊跳舞一样。人人都知道会跳舞的熊是怎样训练出来的：先把它们放在很烫的地板上，逼迫它们跳舞，因为如果它们待着不跳，脚趾就会被烫坏。在它们跳的过程中，人们向它们播放音乐。经过一段时间，无须滚烫的地板，音乐就足以让它们起舞了。对孩子也一样。当孩子意识到自己的性器官时，大人就斥责他。最后，这种意识会使他想到大人的斥责，使他随着大人的斥责声起舞。结果，健康或幸福的性生活的所有可能性就被完全摧毁了。

在下一个阶段即青春期中，对待性的传统做法所造成的不幸甚至比儿童期还大。许多男孩在第一次遗精时竟然完全不知道是怎么回事，因而吓得不行。他们发现自己身上充满了他们从小就被教导是极端邪恶的冲动。这些冲动非常强烈以致日夜包围着他们。在较优秀的男孩身上，同时还有各种对美和诗、对理想的爱情最极端理想化的冲动，理想的爱情被认为与性完全无关。由于基督教教义中的摩尼派成分，青春期的理想主义冲动与肉体冲动在我们自己身上容易成为完全互不相干的东西，甚至水火不相容的东西。关于这一点，我想引用一位智者朋友的自白。他说："我相信，我自己的青春期并非不典型，它以十分显著的形式展示了这种分离。白天我会读好几个小时雪莱的诗，并充满伤感：

> 飞蛾向往星辰，
> 黑夜渴求天明。

读着读着，我会突然抛开这种高尚的情感，而设法去偷窥正在脱衣服的女仆。后一种冲动使我深感羞愧。当然，前一种冲动有愚蠢的成分在内，因为它的理想主义不过是愚蠢的性恐惧的正面。"

众所周知，青春期是精神失常频发的一个时期，那些平时情绪十分稳定的人，在这期间却容易失去平衡。在其名为《萨摩亚人的成年：为西方文明所作的原始人类的青年心理研究》一书中，玛格丽特·米德小姐宣称，青春期精神失常在那个岛上不为人知，她把这个事实归结于当地通行的性自由。诚然，这种性自由被传教活动减少了一些。在她调查的姑娘中，有些人住在教士家中，这些姑娘在青春期的时候只进行手淫和同性恋，而那些住在其他地方的姑娘，还有异性恋活动。我们大多数著名的男校在这方面跟萨摩亚传教士家里的情形并没有多大不同，但是，这种行为的心理影响在萨摩亚岛虽是无害的，但在英国的男学生身上也许是灾难性的，因为这种男学生大概发自内心地尊重传统说教，而萨摩亚人只是把传教士视为具有可笑的特殊嗜好的白人。

大多数年轻人在刚刚成年的时候都会在性方面经历完全不必要的烦恼和困难。如果一个年轻人一直是纯洁的，则他节制性欲的困难多半会使他变得胆怯而压抑，等到他结婚的时候，他无法打破过去多年的自我克制，除非用突发的兽性方式打破之，这导致他丧失与妻子形成情侣的能力。如果他和娼妓来往，则始于青春期的那种肉体之爱与理想之爱的分离，且会永远持续，其结果是，他和女人的关系从此必然要么是柏拉图式的，要么他的信念是堕落的。此外，他还冒着得性病的巨大风险。如果他和同一阶层的女人发生关系，危害就会少得多，但就算是这样，那种秘密的需要也是有害的，而且会妨碍稳定关系的发展。部分由于势利，部分由于相信结婚后应该立即生孩子，人们不容易早婚。此外，在很难离婚的地方，早婚有极大的风险，因为两个在20岁时情投意合的人，十分有可能到30岁的时候不再中意彼此了。和一个伴侣稳定的关系，对于很多人来说是困难的，除非他们有过各种经验。如果我们的性观念健全，我们应该允许大学生试婚，但不要孩子。这样，他们就能摆脱对性的沉迷，目前，性沉迷极大地干扰了他们的学业。他们将获得一种异性的经验，这对于将来正式结婚生子是一个很好的开端，而且他们可以自由地恋爱，而没有当前伤害年轻人之大胆冒险的那种钩心斗角、偷偷摸摸和患病担忧。

对于那些为形势所迫而永远嫁不出去的女人来说，传统道德是痛苦的，而且在大多数情况下是有害的。和大家一样，我知道，具有严厉传统道德观的未婚女人，无论从哪种角度看，都值得我们大赞特赞。但是，我认为一般的常例不是这样。一个没有任何性经验并认为保持贞操是很重要的女人，一直带着恐惧做着消极的反应，因此，一般而言会变得胆小，与此同时，本能的无意识的嫉妒使她充满了对正常人的不满，满心渴望去惩罚那些享受着已被她遗忘了的东西的人。的确，我不得不认为，至今所存在的女性智力不如男人，主要是因为对性的恐惧导致了她们对好奇心的约束。这些女人找不到专属于自己的丈夫，她们长期的处女生活所带来的不幸和空虚，没有任何办法消除。在目前情况下，这种现象必然常常发生，这种情况在婚姻制度的早期是没人想到的，因为在那个时候，男女人数大致相等。毋庸置疑，目前在许多国家女性大大超过男性，这为传统道德标准的改变提供了一个十分重要的论据。

婚姻，这个传统上容忍的性发泄渠道，本身就受害于道德标准之严厉。儿童期产生的情结、男人嫖妓的经历、为保持女性贞操而被灌输到她们心中的性反感，所有这些都不利于婚姻的幸福。一个有良好教养的女人，如果性冲动很强烈，那么当她被追求时，她将无法把真正的情投意合与单纯的性吸引区分开来。她也许会轻易嫁给第一次在性上唤醒她的男人，等到她的性饥渴得到满足时，才发现自己和那个男人没有任何共同之处，但为时已晚。两人从前所受的教育，使她在性问题上过于胆怯，他则过于唐突，双方均没有应有的性知识。由于这种无知而导致的最初失败，使双方从此均不能从婚姻中得到性的满足。此外，精神的和肉体的伴侣关系都因此而变得困难。女人不惯于自由地谈论有关性的问题。男人也不例外，除非谈话对象是男人和娼妓。在这个与他们共同生活最亲密、最重要的问题上，他们总是显得腼腆而畏缩，甚至完全无话可说。或许，妻子清醒地躺着，得不到满足，却又不知道缺少的是什么。丈夫或许心中在想，连妓女在给予方面都比这合法妻子慷慨，起初这种念头只是在脑中一闪而过，但逐渐变得越来越明朗。或许，当她因为他不知道如何让她兴奋起来而痛苦的时候，他在同一时刻被她的冷淡所伤害。这一切的不幸，都是我们在性方面要求沉默以对和一本正经所酿成的苦果。

以上所有这些方式，从儿童期历经青春期一直到结婚，人们一直允许旧的道德去毒害爱，使爱充满了忧郁、恐怖、相互误解、悔恨和神经紧张，把性的肉体冲动和理想之爱的精神冲动一分为二，使前者成为兽性的，使后者成为无生育的。人生不应该是这样度过的。肉体本性和精神本性不应该彼此对立。二者没有任何水火不容的东西，灵肉只有彼此结合，才能达致完美。极致的男女之爱都是自由的、无畏的、灵肉平等结合的，不因肉体会影响将爱理想化而心生恐惧。爱应该像一棵树，它的根深入地下，而它的枝却可参天。但是，爱如果被禁忌和迷信的恐惧、责难的话语和可怕的沉默所束缚，它是绝长不成参天大树的。男人和女人之间的爱及父母和子女之间的爱是我们情感生活中的两个主要事实。传统道德在贬低一种爱的同时，却假模假式地抬高另一种爱；但事实上，父母对孩子的爱也会因父母彼此之间的爱被贬低而受损。如果孩子是愉悦和相互满足的产物，他们所得到的爱就更加健康、充实，更合乎自然之道，更单纯、直接、合乎动物本能，也更无私和富有成效，这是那些又饥又渴、急切地向无助的孩子讨要他们在婚姻中所得不到的养分的父母不可能给予的，他们这么做，会扭曲幼小的心灵，给下一代埋下相同苦恼的祸根。害怕爱就是害怕生活，那些害怕生活的人，本身就已经半死不活了。

第二十章 性在人类价值中的位置

讨论性话题的作者始终面临被指责的危险，那些认为这类话题不应该提及的人，会说作者过分沉迷于所讨论的主题。人们认为，若非他对这个问题的兴趣过于浓厚，完全盖过了问题的重要性，否则，他是不会冒天下之大不韪去抨击那些假正经真好色之徒的。然而，这种观点仅仅为那些提倡改变传统道德的人所接受。那些发出呼吁去折磨娼妓的人，和那些确保法律名义上反对贩卖妇女为娼而实际上反对自愿而正当的婚外关系的人；那些指责女人穿短裙抹唇膏的人；以及那些在海滩上伺机窥探、有望发现着装不雅者的人，他们没有一个被认为是性沉迷的牺牲品。然而，实际上，他们这么做大概比提倡更大性自由的作者们所受到的性折磨要多得多。表达严厉道德意见的人通常是一肚子男盗女娼的人，其想法所以猥亵，不是由于想法的内容有性的成分这个简单的事实，而是由于道德使怀有这种想法的人不能清晰而全面地思考这个问题。我完全赞成教会认为沉迷于性问题是一种罪恶的观点，但对于教会在如何才能更好地避免这种罪恶方面，我却不敢苟同。圣安东尼沉迷于性，是历史上任何酒色之徒都望尘莫及的，我不敢举出更近代的例子，因为那样会得罪人。食色，性也，性和饮食一样，都是自然的需要。我们所以责备好吃贪杯之人，不是因为他们对于饮食的兴趣不合法，而是由于这种兴趣在他们的思考与情感中占有的比重过大。但我们并不责备一个正常而健康地享用合理的食物量的人。的确，苦行者就是这样做的，并认为一个人应该把他的饮食量削减到最低限度，能维持生存便可，但这种观点现在不太普遍，我们可以不予理睬。清教徒由于决心规避性享受，所以较之以前的人，他们稍微更意识到饮食的乐趣。正如17世纪一位批评清教主义的人所说：

你要享受迷人的良宵和可口的佳肴吗？
那你就去和圣人共餐，和罪人同寝吧。

这么看来，清教徒并未成功地压制住我们人性中纯肉体的那部分功能，因为他们把失之于性的东西放到饮食上面了。暴饮暴食被天主教认为是七大重罪之一，暴饮暴食者也被但丁打入地狱的最底层，但这种罪孽有些模糊不清，因为很难说清合理的饮食兴趣应在何处截止，而罪孽又从何处开始。食用没营养的东西算不算邪恶？如果算，那么我们每吃一颗腌杏仁就会增加一份罪孽。然而，这样的观点现在已经过时了。我们大家一看吃相就知道谁是贪吃的人，虽然他有点儿叫人看不起，却不应受到严厉斥责。抛开这个事实不谈，那些从未尝过饥饿之苦的人很少会对食物过分迷恋。大多数人吃完饭便去想其他事情了，除非到吃下顿饭的时候。另一方面，那些信奉苦行哲学的人除最低限度的饮食外，被剥夺了一切享乐，于是总是摆脱不了盛宴的幻想和精灵享用甘果佳肴的梦境。孤立无援、只能靠鲸鱼脂肪维生的南极探险者，每天计划着回家之后要在大饭店里大吃一顿的事情。

这样的事实提示我们，若要使人不再沉迷于性，道德家们对待性的态度就应该像现在人们对待食物的态度那样，而不应该像提贝易德的隐士们对待食物的态度那样。食色，性也。诚然，人没有性也能生存，没有饮食则不然，但是，从心理的角度看，对性的欲望完全类似于对饮食的欲望。压制会使性欲越加强烈，而满足则使之暂时平复。当性欲急不可耐之时，人们便会把世上的一切置之度外。此时此刻，其他一切兴趣全都暂时退后，此时的行事在事后看来纯属癫狂之举，使当事人感到内疚。此外，就像饮食那样，这种欲望因受到禁止反而会大大兴奋起来。据我所知，有些孩子早餐拒绝苹果，但他们却跑到果园里偷苹果吃，尽管早餐的苹果是熟的，偷来的苹果是生的。我认为不可否认的是，在富有的美国人中，喝酒的欲望比起20年前要强烈得多。同样，基督教教义和基督教权威也极大地刺激了人们对性的兴趣。因此，最先不相信传统说教的那代人注定要沉湎于性自由，其程度大大超过那些在性观念上不为迷信说教所左右的人，不论这是积极的还是消极的。除了自由，再没有什么可以阻止对性的过分沉迷，但就算是自由，也不会产生这种结果，除非自由已经成为人们的习惯，并且和明智的性教育结合起来。然而，我要再郑重不过地重申，我把对这个问题的偏见视为是一种罪恶，我认为这种罪恶在当今流播甚广，尤其是在美国，我发现这一点在美国较刻板的道德家中特别明显，他们十分乐于相信有关他们所认为的反对者的各种无稽之谈，就把这个表现得淋漓尽致。贪吃者、纵欲者和苦行者都是专注于自我的人，他们的视野被他们自己的欲望所局限，要么只图满足欲望，要么一心克制欲望。一个身心健康的人就不会把自己的兴趣如此集中在他自己身上。他会眼睛向外，观察周围的世界，从中寻找他认为值得他注意的客体。专注于自我并不像有些人臆想的那样，是冥顽不化者的自然条件，它几乎总是一种因自然冲动受挫而导致的病态。心满意足于性满足念头的好色之徒，一般说来都是某种欲望得不到满足的结果，正如贮藏粮食的人通常都是经历过大饥荒或者窘迫时期的人。仅当平衡发展幸福生活所必要的所有冲动都平等且都得到均衡的发展，而不是自然冲动受到挫折，才能造就健康的、心胸开阔的男男女女。

我不是暗示在性方面不应该有道德和自我克制，正如在饮食方面一样。关于饮食，我们有三种限制，即法律的、礼节的和健康的。我们把偷吃东西、与人共餐时超过应有分量、以有可能得病的方式用餐视为是错误的。对于性也需要有类似的限制，不过在这方面，情况复杂得多，涉及的自我克制也多得多。此外，既然一个人不应该占有别人的财物，那么在性方面，类似于偷窃的行为就不是通奸而是强奸，而强奸显然是必须受到法律禁止的。健康方面的问题几乎完全和性病有关，这个问题我们已经在讨论娼妓时提过了。很清楚，减少职业娼妓是除医疗以外对付这个恶疾的最佳办法，减少职业娼妓最有效的手段是通过给予年轻人更大的自由，这种自由近些年来一直在不断增加。

一种全面的性道德观念，不能把性只视为一种自然的饥渴和一种可能的危险源。这两种观点都很重要，但更重要的是要懂得，性和人类生命中某些最大的利益有关系。最重要的有三种：抒情的爱、婚姻中的幸福和艺术。关于抒情的爱和婚姻，我们在上面已经谈过了。艺术被有些人认为与性没有关系，但这种观点已经没有过去那么多拥趸了。很清楚，每一种艺术创作的冲动都在心理上与求爱有关，虽然方式不必一定是直接和明显的，但仍是深切的。若要把性冲动导向艺术的表达，必须具备若干条件。首先，必须具备艺术才能，但是，艺术才能即便在同一个民族中也不尽相同，有时很普遍，有时很罕见，由此可以肯定地得出一个结论：与天赋才能相对的环境，在艺术冲动的发展中起重要的作用。其次，必须要有一定的自由，不是那种包含在奖励艺术家中的类型的自由，而是那种逼迫或引诱他去形成使之成为平庸之辈的习惯的自由。当罗马教皇朱利叶斯二世把米开朗琪罗监禁起来时，他并没有以任何方式干涉该艺术家所需要的自由。他监禁米开朗琪罗，是因为他认为米氏是个重要人物，他不能容忍任何身份低于教皇的人对他稍有不恭。然而，当一个艺术家被迫向富有主顾或者市政官员屈膝叩头，被迫削足适履，让自己的作品去迁就他们的艺术标准时，他的艺术自由就丧失了。当他因社会恐吓和经济窘迫而不得不继续维持一种已变得无法忍受的婚姻时，他就丧失了艺术创作所必需的能力。传统上，拘泥于德操的社会是产生不了伟大的艺术的。产生过伟大艺术的社会，都是由类似于爱荷华州要阉割的人组成的。目前，美国大多数艺术天才都是从欧洲引进的，欧洲的艺术自由虽然一息尚存，但欧洲的美国化已经使得转向黑人求助势在必行了。看起来，艺术的最后家园不是在西藏高原，就是在上刚果的某个地方。但艺术的最后灭绝迟延不了多久的，因为美国准备给予外国艺术家的慷慨奖励势必导致艺术的死亡。在过去，艺术有着大众的基础，这种基础有赖于生活的欢快，而生活的欢乐又取决于性的某种自发。在性受到抑制的地方，就只剩下工作，宣讲为了工作而工作，是绝对产生不了任何值得做的工作的。请不要告诉我，有人搜集了美国每人每天（或应该说每夜？）所做的性交统计数字，发现每人的性交次数至少和任何其他国家一样多。我不知道实际情况是否如此，也不想以任何方式去否认它。传统道德家最危险的谬误之一，是要把性削减到只剩下性行为，以便能更好地加罪于性。我从未听说过有哪个文明人、哪个野蛮人，仅仅凭性行为而在本能上得到满足的，要想使那种引起性行为的冲动得到满足，就必须有爱抚，必须有爱，必须有伴侣之情。没有这些，肉体的欲望虽可暂时平息，精神的饥渴却依然如故，任何深切的满足是得不到的。艺术家所需要的性自由，是爱的自由，而不是那种通过不相识的女人解决肉体需要的粗俗自由；而爱的自由是传统道德家最最不会让步的。要想使艺术在世界被美国化之后复兴，美国应该做出改变，它的道德家应该减少一些道德，它的非道德家应该增加一些道德。一言以蔽之，这二者都应该承认性具有更高的价值，承认愉悦可能比银行中的存款更有价值。在美国，没有什么比旅途缺乏乐趣更让旅人痛苦的了。美国人的乐事是狂欢滥饮，只是暂时的忘情，而非欣喜的自我表达。过去的祖辈们在巴尔干或波兰的乡村随着管笛的音乐翩翩起舞，现在的他们则整天粘在办公桌边，坐在打字机和电话中间，严肃、重要却无价值。一到晚上，他们便躲到酒吧喝着小酒，听着噪音一样的流行乐，他们以为是在寻找快乐，实质上只是在寻找一种疯狂的和不完全的快感，以求把日复一日没有希望的赚钱生活暂时忘却。

我并不打算暗示，人生中所有最美好的东西都与性有关，我对这个是决不相信的。我本人并不把科学——不论是应用科学还是理论科学——视为与性有关系，某些重要的社会和政治活动亦然。种种导致成人生活中各种复杂欲望的冲动，可以归纳在少许几个简单的类别下。权力、性和父母身份在我看来，似乎是除自我生存所必需的之外人类大多数行为的源泉。这三者中，权力最先开始而最后结束。孩子由于没有什么权力，而被想要拥有更多权力的欲望所左右。其实，他的大部分活动都是源自这个欲望。他的另一个支配性欲望是虚荣——希望得到称赞，害怕受到批评或排挤，正是虚荣使他成为一个社会人，并且给予他在社会生活中所必需的道德。理论上，虚荣是一种与性紧密交织的动机，尽管理论上可以与性相分离。但是据我所知，权力几乎与性没什么关系，权力欲至少能像虚荣一样使孩子用功读书、锻炼身体。我认为好奇心和求知欲都应该是权力欲的分支。如果知识就是权力，那么热爱知识就是热爱权力。所以，除生物学和生理学的某些分支外，一定要把科学看作是性的情感范围以外的。因为皇帝腓特烈二世已经作古，这个观点必然多少是一种假设。如果他还活着，为了断定真假，他毫无疑问会阉割一位著名的数学家和一位杰出的作曲家，然后去观察对他们各自工作的影响。我估计，对前者的影响为零，对后者的影响则相当可观。在了解求知欲是人类本能中最有价值的元素之一以后，那么人类总算有一个十分重要的活动范围——如果我们没错的话——逃脱了性的控制。

权力也是大多数政治活动的动机，要懂得政治活动一词是就最宽泛的意义而言的。我并不是暗示，一位伟大的政治家对公共福利漠不关心，相反，我相信他是一个洋溢着父母之情的人。但是，除非他还有相当的权力欲，否则他是无法维持那种实现政治抱负所必需的工作的。我认识许多热心公益的高尚人士，但如果他们没有远大的个人抱负，他们就很难精力充沛地去实现他们为之努力的公共利益。在一次紧要关头，林肯向两个反对派参议员讲话，开始和结尾都是："我是美利坚合众国总统，被赋予了极大的权力。"他宣读这个事实的时候，毋庸置疑是有几分愉悦的。纵观一切政治活动，无论它们为善为恶，经济动机和权力欲是两种最主要的力量。尝试用弗洛伊德的学说来解释政治，在我看来是一个错误。

如果上述所说正确的话,则除了艺术家以外,大多数伟大人物的重要活动都是与性无关的动机促成的。要想使这样的活动能够持续,而且以较为谦逊的形式变成普通的事,则有必要使性不得掩盖住一个人的情感和激情本性的其余部分。认识世界的欲望和改造世界的欲望是人类进步的两大引擎,没有它们,人类社会就会徘徊不前乃至倒退。也许,幸福太完美会使求知和改造的冲动消退。当英国人理查德·科布登动员约翰·布赖特加入自由贸易运动的时候,他的说辞依据的便是因布赖特丧妻未久而遭受的悲伤。也许,没有这种悲伤,布赖特就不会对他人的悲伤那么有同情心了。许多人因对现实世界绝望而被驱使着去进行抽象的追求。对于一个精力足够充沛的人来说,痛苦可能是一种颇有价值的刺激,我不否认,如果我们全都已经十分幸福,我们就不会努力去追求更大的幸福。但是,我不能承认,因为痛苦能够带来成果,人类的责任就是把痛苦带给别人。事实证明,在百分之九十九的情况下,痛苦只会起破坏作用。至于那百分之一,最好还是交托给肉身所与生俱来的自然打击吧。只要有死亡,就会有悲伤,只要有悲伤,人类就不应该以进一步增加悲伤为己任,尽管事实是,有少数难能可贵的精灵懂得如何减少悲伤。

第二十一章 结 论

　　经过这么多章的讨论，我们已经可以得出某些结论，有些是历史方面的，有些是道德方面的。在历史方面，我们发现，现存于文明社会的性道德，产生于两个完全不同的源泉：一方面是确定父亲身份的欲望，另一方面是禁欲主义信仰，即，性是邪恶的，为生育所必需的除外。前基督教时期以及远东现在的道德都只有第一个源泉，印度和波斯除外，因为这两个国家看起来是禁欲主义传播开来的中心。当然，确定父亲身份的欲望是不存在于那些落后的民族的，因为他们不知道男性在生育方面的作用。在他们中间，虽然男性的妒忌对女性的放任施加了某些限制，但比起早期父权社会，女性总体上要自由得多。很清楚，在此过渡时期必定发生过相当的冲突，关心自己父亲身份的男人无疑认为限制女人的自由是必不可少的。在这个阶段，性道德只是针对妇女而存在。男人也许不能和已婚妇女通奸，但除此之外他是自由的。

有了基督教之后，出现了避免罪孽的新动机，道德标准变成在理论上对男人和女人是一样的，尽管在实践中，因为这一标准很难对男人实行，因而人们对待男人的不忠比对女人的不忠更宽容。早期的性道德有明显的生物目的，即，保证孩子应该在年幼的时候受到双亲的保护，而非仅仅一方父母的保护，这个目的在基督教的理论中不见踪影，虽然在基督教的实践中不是这样。

直到近代，已有种种迹象表明，基督教和前基督教的性道德都在发生变化。基督教的性道德不再像以前那样深入人心，因为宗教的正统性在减弱，就连基督教的忠实信徒也不那么笃信了。21世纪出生的男女，尽管他们的潜意识对性还保持原来的态度，但就大多数而论，他们在意识层面并不相信私通本身是罪恶。至于性道德中的前基督教成分，这些成分过去一直被一个因素改变着，而且目前正处在被另一个因素改变的过程之中。第一个因素是避孕法，这使得不导致怀孕的性交越发成为可能，从而能使未婚女人不致怀上孩子，已婚女人只怀上丈夫的孩子，在任何一种情况下都没必要保持贞洁。这个过程尚未完成，因为避孕法还不是完全可靠，我认为，避孕方法用不了多久便可实现完全的可靠。到那时，不必坚持妇女不得有婚外性关系，父亲身份的确定也将成为可能。也许有人会说，女人能够在这一点上欺骗丈夫,但是毕竟,自古以来女人欺骗丈夫一直都是可能的,而且,如果问题仅仅是确定谁是父亲,而不是与所爱的男人发生性关系是否应该,则欺骗的动机就会微弱得多。因此人们可以假定,对父亲身份的欺骗虽然也许间或有之,但与以前在通奸方面的欺骗相比,则不那么频繁了。同样绝非不可能的是,由于新的习俗,丈夫的妒忌应该会适应新的形势,仅当妻子提出选择另外一个男人做孩子的父亲时,丈夫的妒忌才会发生。在东方,人们对太监的特权总是默许,如果是在欧洲,则大多数丈夫肯定对此愤怒有加。东方人所以默许太监的特权,是因为太监不会招致对父亲身份的怀疑。这种默许的态度随着避孕方法的使用,在将来或许能很容易推广。

因此,双亲家庭在将来兴许依旧存在,而无须像过去那样对妇女的贞操提出如此严厉的要求。然而,性道德变化中的第二个因素,则容易产生更为深远的影响,这就是国家日益参与到孩子的抚养和教育之中。到目前为止,这个因素主要影响的是工薪阶层,但是他们毕竟占人口的大多数,而且完全有可能的是,工薪阶层中正在逐渐发生的那些国家替代父亲的现象,将最终遍及全人类。在动物家庭和人类家庭,父亲的作用一直是保护和抚养子女,但是在文明社会中,保护由警察提供,而抚养可能将完全由国家提供,至少就人口中较贫穷的那部分而言是如此。如果真是那样,那么,父亲将不再有什么明显的用处。至于母亲，则有两种可能。她可以继续做她原来的工作，而把孩子交给公共机构照顾，或者如果法律能如此规定，在孩子年幼的时候，由国家给付费用，由她去照顾孩子。如果采取后一种方式，这也许可以暂时支持传统的道德，因为不贞洁的女人可能被剥夺她获取酬劳的权利。但是，如果她得不到报酬，她将无力抚养自己的子女，除非她去工作，而不得不把孩子交给某个公共机构看管。由此看来，经济力量的运行或可导致父亲的取消，甚至很大程度上导致母亲的取消。倘若如此，则传统道德的一切传统依据都将消失，人们必须为新的道德寻找新的依据。

家庭的解体如果成为现实，在我看来这并不是一件值得欢欣鼓舞的事。父母之情对孩子很重要，而公共机构如果大规模地存在，它必将变得十分讲究形式和相当严厉。当不同家庭环境的不同影响消除之后，同一将会达到可怕的程度。并且，除非一个国际性的政府得以事先建立，否则不同国家的儿童将会被灌输一种有毒害性的爱国主义，这使得这些孩子在长大成人后几乎肯定会互相残杀。人口问题也使得建立一个国际性的政府成为必要，否则，民族主义者就有动机鼓励人口的增加超过应有的程度，而且随着医疗卫生的进步，则处置过剩人口的办法就只剩下战争了。

虽然社会学问题常常困难而复杂，但个人问题在我看来却

第二十一章 结论

十分简单。关于性中有罪孽成分的学说对个人性格的伤害数不胜数,这种伤害开始于幼儿期并持续终生。传统道德由于把性爱关进了牢笼,所以在很大程度上囚禁了所有其他的友爱形式,使人变得不那么慷慨、不那么友善、更加武断和更加残忍。无论最终被接受的是什么性道德,它必须是没有迷信成分的,必须拥有可公认的和可论证的赞成理由。性不可没有道德,这正如商业、运动、科学研究和任何其他人类活动一样,但它可以没有这样的道德:这种道德仅仅基于那些生活在与当今完全不一样的社会中未受过教育的人所宣讲的古老禁忌。在性问题上,正如在经济和政治问题上一样,我们的道德仍被恐惧所支配,种种现代发现已经证实这些恐惧是不合理的,但是,由于人们未能从心理上适应这些发现,它们带来的利益大都丧失了。

诚然,从旧制度向新制度转变自有其困难之处,所有的转变皆如此。就像苏格拉底一样,那些提倡道德革新的人,总是被指责毒害青少年。这种指责并非总是完全没有根据,即使当他们提倡的新道德被完全采纳,从而事实上产生一种比他们寻求改造的旧道德更美好的生活。每一个对信奉伊斯兰教的东方有所了解的人都会宣称,那些不再认为必须每天祷告五次的人,也不再会尊重我们认为较重要的其他道德戒律。那些提议改变性道德的人,尤其容易受到这样的误解,而且我本人也意识到,我说过的一些话会引起一些读者的误解。

新道德区别于传统清教道德，所根据的一般原则是这样的：我们相信本能应该受到引导而不是压制。用通用术语说就是，这个观点将获得现代男女广泛接受，但是仅当从小就充分理解它的全部含义并付诸实践时，它才能产生十足的效力。如果在儿童期，本能没有受到引导，反而受到压制，结果就可能是，在此后的一生中，本能必然会在某种程度上受到压制，因为早年的压制会使本能采取极不应有的形式。我所提倡的道德，并不只是包括对成年人或青少年说："依着冲动，随心所欲。"生活中必须有一致性，必须做出连续不断的努力，向着不会直接收效也非时刻吸引人的目标迈进；必须为他人考虑；应该有某些公正的标准。然而，我并不把自我克制本身视为一个目的，我希望我们的制度和我们的道德传统应该把对自我克制的需要降至最低，而不是提到最高。使用自我克制就像使用火车上的制动器一样。当你发现走错了方向时，自我克制是有用的，但如果方向不正确，自我克制只有害处。没人会主张火车应该始终踩着制动器运行，而执拗的自我克制习惯也会对有益的活动所需的充沛精力产生十分类似的不良影响。自我克制导致这些精力主要浪费在内心冲突而非外部活动上。由于这个原因，自我克制往往令人遗憾，虽然它有时候是必要的。

　　自我克制乃人生所必需，但自我克制的程度，取决于早期对待本能的方式。存在于孩子身上的本能，可以导致有用的活动或有害的活动,这就好像机车的蒸汽可以把火车带到目的地或引入岔路,在岔道上发生意外而撞碎。教育的功能,就是把本能引导到能够发展有益的活动而非有害的活动的方向上。如果早期教育能够充分实现这项工作,那么通常而言,男男女女都将能够过着有益的生活,而无须严格的自我克制,或许在发生罕有的危机时除外。另一方面,如果早期教育只是对本能进行压制,则本能在后期生涯中所激起的行为中的部分行为是有害的,因而将不得不用自我克制来不断地加以限制。

这些一般的讨论适用于特殊的性冲动力量,不仅是由于它们力量强大,也由于这样的事实,即传统道德使性冲动变成一件特殊的事情。大多数传统道德家认为,如果我们的性冲动没有受到严厉的控制,性冲动则将变得轻浮、混乱而粗俗。我相信这个观点是从观察中得到的。他们发现,一些人小时候获得寻常的禁制,但长大后试图忽略它们。但在这样的人身上,这些早年的禁制仍在发挥作用,即使当它们未能成功地施加禁止的时候。所谓的良心,即不加思索且多少无意识地接受小时候学到的戒律,会使人们在长大后仍然觉得,不论什么传统禁制都是错误的,而且尽管理智上的信念与感觉相反,这种感觉仍可能继续存在。就这样,它产生了一种分裂的人格,在这种人格中,本能和理性不再携手前进,但本能变得微不足道,理智变得无精打采。人们可以在现代世界中发现种种不同程度地反对传统说教的现象，其中最常见的现象是，反对者在理智上承认小时候接受的道德在伦理上是正确的，但带着几分假惺惺的遗憾承认说，他没有足够的英雄气概去践行之。对于这样的人是没什么可说的。最好，他要么改变自己的做法，要么改变自己的信仰，使两者能够和谐起来。接下来是这样的人，对于他们孩提时学到的东西，他们意识层面的理性拒绝接受，但他们的潜意识仍然照单全收。这种人在任何强烈的情感特别是恐惧的压力下，会突然改变其行为。一场重病或一次地震都可能由于儿时的信念重新涌现，使他心生忏悔，放弃他的理智信念。就算是在平时，他的行为也会受到禁制，而且这些禁制可能采取不可取的形式。它们不会阻止他以传统道德所谴责的方式采取行动，但会阻止他全心全意地这样做，他的行为因此而失去一些有价值的成分。新道德标准取代旧道德标准不能完全令人满意，除非这种新的道德获得全身心的接纳，而不只是用构成我们意识思想的那个层面去接纳它。这对于大多数人来说是非常困难的，因为他们小时候一直受着旧道德的熏陶。因此，在一种新道德应用在早期教育之前，对它做出公正的评价是不可能的。

　　性道德必须产生于某些通用原则，关于这些原则，人们的意见基本一致，但是关于从这些原则推论出来的结果，人们的意见却不一样。首先要做到的事情是，男女之间应该有真正深切而真实的爱,这种爱能够包容二人的全部个性,使它们融为一体,使每一方都得到充实和提高。第二件重要的事情是,孩子应该在身体上和心理上得到足够的照顾和关心。这两条原则本身都没有什么惊人之处,然而,正是这两条原则的结果,才促使我提倡对传统道德做出某些改变。大多数男女按现状看,他们给予婚姻中的爱不是那么全心全意和慷慨,如果他们小时候少受点禁忌,情况就不同了。他们缺乏必要的经验,即使有,也是通过秘密的不可取的方式获得的。此外,既然妒忌得到道德家们的纵容,他们就认为使双方互相监视是正当的。如果夫妻相互恩爱,全无芥蒂,任何一方都无不忠之心,那当然是再好不过的了。然而,不忠行为一旦发生就被当作某种可怕的事情对待,那就不是好事了;如果再进一步,认为异性之间全无友谊,那也是不可取的。美好的生活不能建立在恐惧、禁忌和彼此干涉自由的基础上。如果没有这些仍能保持忠贞,那固然不错,但如果需要这一切才能达到忠贞的目的,则付出的代价未免太大了,倒不如对偶尔的失足彼此能够稍为宽容一些。毋庸置疑,就算保持肉体上的忠诚,与双方对于深厚和持久爱情的最终力量更具信心的情况相比,相互妒忌常常会造成更多的婚姻不幸。

在我看来,许多自以为有德行的人在对待父母之于子女的责任上,过于轻描淡写、敷衍塞责。在目前这种双亲家庭制度下，只要有了孩子，双方对婚姻的责任，就是他们尽最大力量去保持和谐的关系，就算这需要相当的自我克制，也是应该的。但是，所要求的自我克制，并不是像传统道德家们所认为的那样，仅仅包括抑制不忠行为的种种冲动；控制妒忌、坏脾气、专制等等的冲动，也是同等的重要。毋庸置疑，父母之间激烈的争吵，是引起儿童神经错乱的主因；因此，不论什么，只要能够做到防止这类争吵，夫妻都应该做到。与此同时，如果夫妻有一方或双方都缺乏足够的自我克制，不能使他们的冲突不为孩子所知，那么解除婚约或许反倒更好些。这绝不意味着，解除婚姻从孩子的角度看一定是最糟糕的事，实际上，它几乎比不上大人扯着嗓子、相互愤怒地指责甚至大打出手的场景那么糟，这种场景是许多孩子在糟糕的家庭中经常碰到的。

　　人们绝不可假定，只要让那些在原有的严厉禁律下长大的成年人甚或青少年，可以任意发泄那些全都由道德家遗留给他们的受损冲动，那么，提倡更多自由的有知之士所衷心希望的那种事情，就可以一蹴而就。这是一个必不可少的阶段，因为没有这样的阶段，他们的孩子又会像他们一样在恶劣的环境中长大。但这仅仅是一个阶段而已。健全的自由必须从小学起，因为若非如此，我们所可能得到的仅有的自由，将是一种轻浮的、表面的自由，不是具有完整人格的自由。轻浮的冲动会导致肉体上的过度行为，而精神依然处在束缚之中。从一开始就受到正确引导的本能可以产生良好的行为，这些行为比起加尔文派的有罪信念所形成的那种教育的行为要好得多，但是如果这样一种教育被允许去作恶，要消除它在以后岁月中的影响则会格外困难。心理分析给世界带来的最重要的贡献之一，就是它发现了儿童初期的禁忌和恐吓的恶劣影响，而消除这些影响，也许需要长时间的心理分析治疗。这不仅适用于显而易见的精神病人，他们所受的精神伤害每个人都看得出，而且也适用于大多数表面看正常的人。我相信，从小受过传统教育长大的人，十个有九个在某种程度上都不能对婚姻和性持有高尚和健全的态度。这种人是不可能具备我所视之为最好的那种态度和行为的。我们最多能做的，是使他们意识到他们已经受到伤害，并说服他们不要再用自己曾深受其害的方式去戕害他们的孩子。

我希望宣扬的学说并不是一种纵欲的学说，其中所包含的自我克制，几乎和传统学说不相上下。但是使用自我克制的目的，与其说是限制一个人自己的自由，倒不如说是约束自己不去干涉他人的自由。我认为，人们也许可以希望，如果从小就接受正确的教育，那么尊重他人的人格和自由兴许会变得相对容易些，但对我们当中从小相信我们有权以道德的名义干涉他人行为的人来说，放弃这种名正言顺的迫害行为毫无疑问是困难的，甚或是不可能的。但是不能就此推断说，那些从一开始就受到不那么严格约束的道德教育的人也不可能做到。美好婚姻的精髓在于彼此尊重对方的人格以及身体、心智和精神的深厚的亲密关系，这使男女之间严肃的爱成为一切人类体验中最富有成果的行为。这种爱犹如一切伟大而珍贵的东西，要求有其自己的道德，而且往往要为较大的利益牺牲较小的利益，但这样的牺牲必须是自愿的，因为若非如此，就将因违背为爱做出牺牲的本意，而摧毁那爱的真正基础。

译后记

对于1950年诺贝尔奖得主、英国著名哲学家、数学家、逻辑学家和历史学家伯特兰·罗素，我想中国人并不陌生，他曾于1920年访问过中国，因回国后撰写的《中国问题》一书，被我国"国父"孙中山先生誉为"唯一真正理解中国的西方人"。

《幸福婚姻与性》是罗素先生关于人生哲学的著作之一，是从婚姻与性的方面教导人们如何追求幸福的人生。

本书一开篇，他就在"导言"中写道："一个社会……有紧密相联、具有头等重要的元素：一个是经济制度，另一个是家庭制度。当前有两个有影响力的思想学派，一派认为万事皆派生于一种经济的源头，另一派则认为万事均发端于一种家庭或性的源头。前一派以马克思为代表，后一派以弗洛伊德为代表。"紧接着，他表明自己的立场："我本人不从属于其中的任何一派，因为在我看来，经济与性的相互关系从因果功效的角度看，似乎并未显示出一方明显超乎于另一方之上。"并认为两者是相互关联、彼此影响的。从人类追求幸福的角度看，除了物质条件，最重要的莫过于精神追求了，而婚姻和性在这方面有着巨大的潜在影响。

在伦理和道德方面，罗素是持开放态度的。比如关于性，他从观察中得出了一个大胆的革命性的观点：与动物的性本能不同，自从人类的性交方式不再像动物那样从背部进行之后，人类的性已经不再是本能的，虽然保持了性的冲动，但却是后天习得的。其实，在现代社会中，夫妇多年不孕，经查后才知是由于不懂性交方式所致，这类并不罕见的现象足以证明这一点；这种现象还表明了当前性道德对人的束缚之大以及性教育的失败。

本书以时间为纵轴，以西方社会为主线，从大历史的角度阐述了人类的婚姻和性的问题。

首先，他认为性道德是分若干层次的，具体体现为社会的风俗习惯和明确的法律制度，提出"世界上还没有哪个国家，世界历史上也没有过哪个时代，其性道德和性制度是由理性思考所决定的"；其次，性道德的影响也是有着不同的层面的——个人的、夫妻的、家庭的、国家的和国际的，并提出，当前各国的性道德的影响在有些方面是好的，在有些方面是坏的；然后从家庭的层面，分析认为性在人类从古代的母权社会发展到当今的父权社会方面起着重要的作用，指出了人类向着性自由过渡的趋势，并从当前教育、医疗和卫生技术、优生学、女权运动等方面的发展，作了大量的分析和阐述；最后，他指出了改革当前道德的必要性和重要意义：一方面必须消除各种经常是潜意识的迷信成分，另一方面考虑那些使过去的智慧变成蠢行而非现代智慧的全新因素，从而倡导新的道德，以促进人类的幸福和圆满。

总的看，罗素指向的是当前的性道德，指出过多的道德约束是人类不幸的根源。他提倡试婚、离婚从简和节育，认为未婚男女在双方自愿情况下发生性关系并不是不道德的行为。同时，他还从教育方面身体力行，进行了这方面的实践：1927年与妻子一道创立了一所实验学校，取得了很好的效果。

本书循循善诱，条理分明，娓娓道来，让读者耳目一新，同时又能引人深思，给复杂的人生指出了方向：在性和婚姻方面以及更宏观的社会的道德方面，当今的每个现代人该怎么做，才能达致幸福的彼岸？

由于本书时间跨度很大，文化积淀深厚，需要对社会尤其是西方社会的文化进行广泛、深入的了解，所以翻译起来不大容易，如果没有诸多好友和人士的大力帮助，本书是不可能完成的。因此，本书在专业术语方面，在文字润色、核对方面，在资料查找等方面，以下诸位都给予了不可或缺的帮助和支持：崔柏、崔洪雁、党玉涵、董丽、冯玉成、谷荣涛、姜玉芝、李增智、刘波、罗海党、罗志军、吕姗姗、潘晓宇、秦玉环、吴俊杰、阴明辉、张孝强、赵炳雄、周连红、周北芹、朱对林、祝广平等人，在此一并致以诚挚的感谢！

  本书得以付梓，得到华夏出版社的领导和编辑的大力支持和帮助，在此深表感谢。

陈小白
2013 年 12 月

图书在版编目（CIP）数据

幸福婚姻与性 /（英）罗素著；陈小白译. —北京：华夏出版社，2014.6（2023.9 重印）

书名原文：Marriage and morals

ISBN 978-7-5080-8067-3

Ⅰ.①幸…　Ⅱ.①罗…　②陈…　Ⅲ.①婚姻－研究　②性学－研究　Ⅳ.①C913.1

中国版本图书馆 CIP 数据核字（2014）第 064391 号

Marriage and moral authored/edited by Bertrand Russell
© The Bertrand Russell Peace Foundation 1996
Preface to the Routledge Classics edition ©A.C.Grayling 2006
Authorized translation from the English language edition published by Routledge, a member of the Taylor & Francis Group. Copies of this book sold without a Tayl or & Francis sticker on the cover are unauthorized and illegal.All rights Reserved.

本书中文简体翻译版授权华夏出版社独家出版并限在中国大陆地区销售。未经出版者书面许可，不得以任何方式复制或发行本书的任何部分。

版权所有　翻印必究
北京市版权局著作权合同登记号：图字 01-2013-8200

幸福婚姻与性

作　　者	［英］伯特兰·罗素
译　　者	陈小白
责任编辑	陈小兰　李增慧
出版发行	华夏出版社有限公司
经　　销	新华书店
印　　装	三河市万龙印装有限公司
版　　次	2014 年 6 月北京第 1 版 2023 年 9 月北京第 10 次印刷
开　　本	880×1230　1/32 开
印　　张	7.5
定　　价	48.00 元

华夏出版社有限公司　地址：北京市东直门外香河园北里 4 号　邮编：100028
网址：www.hxph.com.cn　电话：（010）64663331（转）
若发现本版图书有印装质量问题，请与我社营销中心联系调换。